초등학생이 알아야 할
세계사 100가지

로라 카원, 알렉스 프리스,
미나 레이시, 제롬 마틴 글

페데리코 마리아니, 파르코 폴로 그림

프레야 해리슨, 렌카 흐레호바,
에이미 매닝 디자인

앤 밀러드 박사 감수

신인수 옮김

역사란 무엇일까요?

역사란 과거에 있었던 여러 사건에 대한 기록이에요.
과거의 일들은 그 내용이 현재까지 제대로 전해지지 않는 경우가 많아요.
그래서 역사가들은 마치 탐정이 사건을 파헤치듯 **다양한 자료**를 꼼꼼히 살펴보지요.

과거의 자료

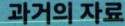

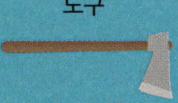

> 초기의 역사가들은 글이나 말을 통해 전해 내려오는 자료에 의지해 역사를 연구했어요. 오늘날의 역사가들은 어떤 종류의 자료든 다 활용해요.

> 나는 고고학자예요. 역사적인 장소를 찾아가 땅을 파고, 땅속에서 발굴한 것들을 조사하지요. 그것이 과거의 물건이든, 폐허가 된 건물이든, 심지어 사람의 뼈든 말이에요.

> 역사를 연구할 때 가장 중요한 원칙이 있어요. 하나의 자료만을 가지고 섣불리 판단하지 말아야 한다는 점이에요.

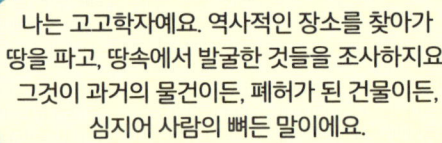

역사의 주제

전쟁 같은 굵직굵직한 사건 외에도 무엇이든 다 역사가 될 수 있어요.
그래서 역사에는 다양한 분야가 있지요.

> 역사가는 수많은 질문을 던지고 답을 찾아요. 역사에는 반드시 옳은 정답이란 없어요.

> 무슨 일이 있었죠?
> 그 일이 언제 일어났죠?
> 그 일이 왜 일어났죠?

1 역사가 시작된 때는…

기원후 1년이 아니에요.

고대 사람들은 어떤 일이 언제 일어났는지 기록할 때 저마다 다른 달력을 기준으로 삼았어요. 오늘날에는 거의 모든 나라에서 공통으로 쓰이는 달력이 있어요. '그레고리력'이라는 달력이에요. 이 달력은 예수가 탄생한 해를 첫 번째 해, 즉 기원후 1년으로 정했어요. 하지만 실제로 역사가 시작된 것은 기원후 1년보다 훨씬 이전이지요.

오늘날

기원후 731년

기원후란 '예수가 탄생한 이후'라는 의미예요. 기원후는 간단히 **'A.D.'** 라고 표시하는데 이것은 라틴어 'Anno Domini'의 약자로, '예수의 해'를 뜻하지요. 이 약자는 영국의 수도사 비드가 쓴 책 『영국 교회사』에 등장하면서 널리 쓰이게 되었어요.

기원후 525년

기원후라는 기준을 처음 생각해 낸 사람은 로마에서 활약한 신학자 디오니시우스 엑시구스예요. 그는 예수가 탄생한 해를 계산해서 그 해를 기원후 1년으로 정했어요.

기원후 1년

기원후 1년보다 더 이전 시기를 나타낼 때는 기원전 1년부터 거꾸로 따져요. 기원전 1년은 '예수가 탄생하기 1년 전'이라는 뜻이에요. **0년은 없어요.**

기원전 1년

더 먼 과거에 일어난 사건일수록 날짜를 비롯해 모든 것을 명확하게 확인하기가 힘들어요.

기원전 4년

기원전 6년

기원전 100년

기원전 3300년

기원전 3300년 무렵 지금의 이라크 지역에서 쓰인 수메르 문자는 인류 최초의 문자로 알려져 있어요.

기원전은 **'B.C.'** 라고 표시하는데 이것은 영어 'Before Christ'의 약자로, '예수 이전'을 의미해요. 오늘날의 역사가들은 실제로 예수가 탄생한 해는 기원후 1년이 아니라 그보다 몇 년 전이라고 생각해요.

2 '역사의 아버지'라 불리는 역사가는…

여행을 많이 다녔어요.

약 2,400년 전, 그리스의 작가 헤로도토스는 과거의 주요한 사건들을 직접 경험한 사람들을 만나 그들의 이야기를 듣고 기록했어요. 그 사건들이 왜 일어났고 어떻게 끝났는지도 분석했어요. 이 업적으로 헤로도토스는 '역사의 아버지'라 불리게 되었어요.

기원전 440년 헤로도토스는 올림픽 경기를 보러 온 관람객들에게 자신이 쓴 역사책을 읽어 주었어요.

……그렇게 마라톤 평원에서 벌어진 전투를 승리로 이끌어 그리스는 페르시아의 코를 납작하게 만들었다오.

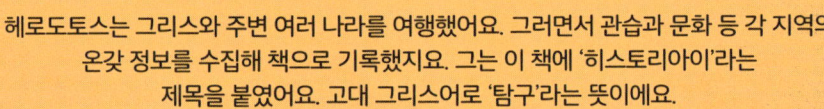

헤로도토스는 그리스와 주변 여러 나라를 여행했어요. 그러면서 관습과 문화 등 각 지역의 온갖 정보를 수집해 책으로 기록했지요. 그는 이 책에 '히스토리아이'라는 제목을 붙였어요. 고대 그리스어로 '탐구'라는 뜻이에요.

우리는 헤로도토스가 쓴 책을 보고 고대 사람들이 어떻게 살았는지 엿볼 수 있어요. 하지만 그 내용이 모두 확실한 사실인 것은 아니에요.

예를 들어, 이 책에는 유럽 북쪽에서 온 외눈박이 남자들이 금을 차지하기 위해 신비한 괴물들에 맞서 싸웠다는 내용도 있거든요.

3 최초의 종이는…

나무껍질, 헝겊, 고기잡이 그물로 만들었어요.

기원후 2세기, 중국의 관리 채륜은 말벌이 나무껍질을 가지고 얇은 벌집을 짓는다는 사실을 알게 되었어요.

말벌의 벌집에서 아이디어를 얻은 채륜은 뽕나무 껍질, 낡은 헝겊, 고기잡이 그물 등을 짓이겨 반죽한 다음, 그 반죽을 넓게 펼쳐 놓고 바짝 말렸어요.

이 반죽이 다 말랐을 때 떼어 내면 종이가 되었지요.

종이를 만드는 기술이 수백 년에 걸쳐 서서히 전 세계에 퍼졌어요.

종이가 발명되기 전에는 대나무나 비단, 동물 뼈에 글씨를 썼어요. 이제 종이 덕분에 글씨를 쓰는 것이 훨씬 더 편리해졌어요.

6세기
한국, 베트남

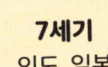

7세기
인도, 일본

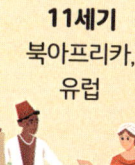

8세기
중앙아시아, 중동

11세기
북아프리카, 유럽

약 2,000년 전, 고대 이집트에서는 파피루스라는 식물의 줄기를 엮어서 납작하게 눌러 만든 종이를 이용했어요. 이 종이의 이름도 **파피루스**였어요.

채륜의 종이가 발전해 오늘날 우리가 쓰는 종이가 되었어요. 그래서 파피루스는 최초의 종이로 인정받지 못해요.

4 신대륙에서 가장 먼저 필요한 것은…

새로운 모양의 도끼였어요.

18세기 많은 유럽 사람이 북아메리카로 이주했어요. 유럽에서는 그곳을 '신대륙'이라 불렀지요. 유럽 사람들은 북아메리카 동부의 해안 지역을 따라 자리 잡았는데 가장 먼저 해야 할 일은 농사 지을 땅을 마련하는 것이었어요. 하지만 주위는 온통 빽빽한 나무뿐이었지 뭐예요. 사람들은 평소 쓰던 도끼로는 그 많은 나무를 벨 수 없다는 사실을 깨달았어요.

유럽에서 쓰이던 도끼는 수백년 동안 계속 같은 모양이었어요.

하지만 북아메리카에서는 시간이 흐르면서 도끼의 모양이 더욱 효율적으로 바뀌어요.

유럽에서 쓰이던 도끼의 모양
* 짧고 쭉 곧은 손잡이
* 크고 둥근 구멍
* 도끼머리에 고정되지 않아 헐렁이는 기다란 도끼날

도끼머리 ····· 도끼날

북아메리카에서 바뀐 도끼의 모양
* 길고 휘어진 손잡이
* 좁다랗고 세모난 구멍
* 두꺼운 도끼머리에 단단히 고정된 짧은 도끼날
* 나무를 베는 속도가 **3배 더 빨라졌어요.**

도끼머리 ····· 도끼날

오늘날에도 이런 모양의 도끼가 널리 사용되고 있어요.

1850년대까지 북아메리카에서 사람들은
새로운 모양의 도끼로 36시간마다
약 60제곱킬로미터 넓이의 나무들을 베어 냈어요.
축구장 약 800개 크기지요. 그 결과
북아메리카의 풍경이 완전히 바뀌었어요.

정치인과 도끼

미국에서 도끼는 굉장히 중요한 것으로 여겨졌어요. 진정한 미국 사람이라면 도끼를 잘 다룰 줄 알아야 한다고들 생각했지요. 그래서 1860년대 링컨 대통령은 선거 유세를 할 때 직접 도끼로 장작을 패기도 했어요.

5 책 한 권을 만드는 데 2년이 걸렸어요…

유럽에서 인쇄기가 발명되기 전에는요.

중세 유럽에서 새 책을 만든다는 것은 곧 손으로 책을 똑같이 베껴 쓰는 일을 뜻했어요. 이 일은 굉장히 복잡한 기술이 필요했어요. 그래서 훈련받은 수도사만이 할 수 있었지요.

책 만드는 방법

1 동물 가죽을 씻어 물에 담가 놓았다가 쭉 펼치고 표면을 갈아요.

2 이렇게 해서 만들어진 얇고 부드러운 양피지를 여덟 쪽으로 접고, 글을 쓸 수 있게 선을 그어요.

3 수도사가 깃펜에 잉크를 묻혀 손수 글을 써요.

4 글 주위에 화려한 그림과 장식을 그려 넣어요.

5 책장을 꿰매어 한 묶음으로 만들고 가죽으로 걸을 감싸요. 그리고 한동안 양옆을 꽉 눌러 놓아요.

중세 유럽에서 책은 무척 귀한 것이라서 부유한 집이나 교회, 수도원에서나 가질 수 있었어요. 대학조차 책을 많이 가지기가 힘들었지요.

요하네스 구텐베르크가 인쇄기를 발명한 다음에야 책은 보통 사람들도 가질 수 있는 것이 되었어요.

6 무도병에 걸린 사람들은…

지쳐 죽을 때까지 춤을 추었어요.

중세 유럽 사람들을 고통에 빠뜨린 전염병 중 **무도병**이라는 기이한 병이 있었어요. 무도병은 느닷없이 등장하더니 빠르게 퍼져 나가 많은 사람을 죽음으로 몰고 갔지요.

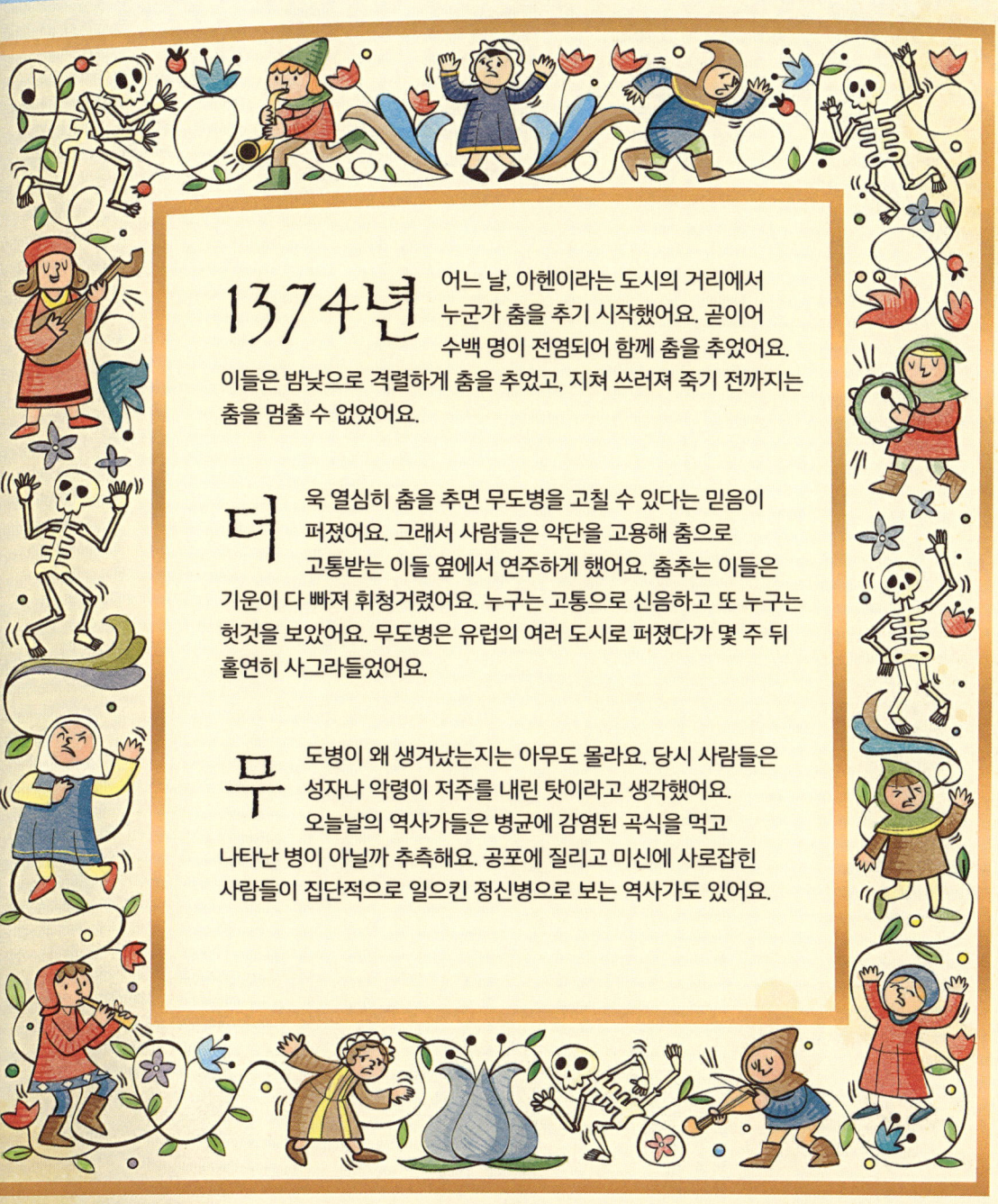

1374년 어느 날, 아헨이라는 도시의 거리에서 누군가 춤을 추기 시작했어요. 곧이어 수백 명이 전염되어 함께 춤을 추었어요. 이들은 밤낮으로 격렬하게 춤을 추었고, 지쳐 쓰러져 죽기 전까지는 춤을 멈출 수 없었어요.

더욱 열심히 춤을 추면 무도병을 고칠 수 있다는 믿음이 퍼졌어요. 그래서 사람들은 악단을 고용해 춤으로 고통받는 이들 옆에서 연주하게 했어요. 춤추는 이들은 기운이 다 빠져 휘청거렸어요. 누구는 고통으로 신음하고 또 누구는 헛것을 보았어요. 무도병은 유럽의 여러 도시로 퍼졌다가 몇 주 뒤 홀연히 사그라들었어요.

무도병이 왜 생겨났는지는 아무도 몰라요. 당시 사람들은 성자나 악령이 저주를 내린 탓이라고 생각했어요. 오늘날의 역사가들은 병균에 감염된 곡식을 먹고 나타난 병이 아닐까 추측해요. 공포에 질리고 미신에 사로잡힌 사람들이 집단적으로 일으킨 정신병으로 보는 역사가도 있어요.

7 미국 대통령 두 명이…

길을 험하게 다니기로 유명했어요.

율리시스 S. 그랜트 대통령은 툭하면 마차를 너무 빠르게 몰아서 경찰에 붙잡혔어요.

프랭클린 피어스 대통령은 말을 타고 가다가 한 여성을 치었다는 의심을 받았어요.

이 40명의 사람은 1789년부터 1989년까지의 미국 대통령들이에요.

- 마차나 말을 난폭하게 몲
- 영국 출신
- 암살당함
- 총을 맞고도 살아남음
- 열정적인 레슬링 선수
- 애완용 악어를 기름
- 애완용 앵무새를 기름
- 여성

 1. 조지 워싱턴
 2. 존 애덤스
 3. 토머스 제퍼슨
 4. 제임스 매디슨

 5. 제임스 먼로
 6. 존 퀸시 애덤스
 7. 앤드루 잭슨
 8. 마틴 밴 뷰런

 9. 윌리엄 헨리 해리슨
 10. 존 타일러
 11. 제임스 K. 포크
 12. 재커리 테일러

 13. 밀러드 필모어
 14. 프랭클린 피어스
 15. 제임스 뷰캐넌
 16. 에이브러햄 링컨

초기의 대통령 9명 중 **8명**은 미국이 독립하기 전에 영국 국민으로 태어났어요.

대통령은 미국에서 가장 위험한 직업 중 하나예요. 미국 대통령 중 무려 **4명**이나 암살당했거든요.

미국 대통령 중 **2명**은 총에 맞았지만 죽지 않고 살았어요.

미국 대통령 중 **11명**은
열정적인 레슬링 선수였어요.

에이브러햄 링컨 대통령은 유명한 챔피언이었어요.
평생 동안 약 **300번**의 레슬링 경기를 했는데
1번 빼고는 다 이겼어요.

미국 대통령 중 **2명**은
애완용 악어를 키웠어요.

미국 대통령 중 **7명**은
백악관에서 애완용
앵무새를 키웠어요.

앤드루 잭슨 대통령이 키운
앵무새는 거침없이 욕을
쏟아 내기로 유명했어요.

 17. 앤드루 존슨
 18. 율리시스 S. 그랜트
 19. 러더포드 B. 헤이스
 20. 제임스 A. 가필드
 21. 체스터 아서
 22. 그로버 클리블랜드

 23. 벤저민 해리슨
 24. 그로버 클리블랜드
  25. 윌리엄 매킨리
 26. 시어도어 루스벨트
 27. 윌리엄 하워드 태프트
 28. 우드로 윌슨

 29. 워런 G. 하딩
 30. 캘빈 쿨리지
 31. 허버트 후버
 32. 프랭클린 D. 루스벨트
 33. 해리 S. 트루먼
 34. 드와이트 D. 아이젠하워

 35. 존 F. 케네디
 36. 린든 B. 존슨
 37. 리처드 닉슨
 38. 제럴드 포드
 39. 지미 카터
 40. 로널드 레이건

지금까지 **200명**이 넘는 미국 여성들이 대통령 선거에 출마했어요.
하지만 아직 **미국에서 여성 대통령은 나오지 않았어요.**

8 농부가 황제가 되어 세운 나라가…

위대한 업적을 많이 남겼어요.

중국은 수천 년 전 문명이 발달하기 시작한 이후 주나라, 진나라, 송나라 등 다양한 나라가 존재해 왔어요. 1368년에는 농부 출신의 군인인 주원장이 **원나라**를 무너뜨리고 **명나라**를 세웠어요. 명나라는 중국 역사상 가장 강한 나라 중 하나였어요.

주원장은 가난한 농부의 아들로 태어났어요. 16살에 승려가 되어 곳곳을 떠돌다가 반란군 무리에 들어갔지요. 주원장은 반란군의 지도자가 되어 원나라 군대에 승리를 거두고 새로운 나라의 황제 자리에 올랐어요.

명나라(1368년~1644년)가 이룬 업적

자금성
황제가 사는 거대한 궁궐을 베이징에 지었어요.

만리장성
2만 1,000킬로미터 넘게 이어진 만리장성을 완성했어요.

영락대전
당시 세계에서 가장 방대한 백과사전을 펴냈어요. 2,000명이 넘는 학자가 참여했어요.

도자기
명나라의 도자기는 세계적으로 높은 평가를 받았어요.

대운하
당시 세계에서 가장 긴 운하를 완성했어요. 길이가 약 1,800킬로미터나 되었어요.

9 비둘기가 훈장을 받았지만…

안타깝게도 한쪽 다리를 잃었어요.

1918년 10월 4일
제1차 세계 대전이 한창인 프랑스에서 미국 공군 소령 찰스 휘틀지의 부대는 적에게 포위되었어요. 그곳은 깊고 험한 골짜기라서 무선 신호도 잡히지 않았지요.

휘틀지의 부대는 비둘기 세 마리를 날려 보냈어요. 비둘기의 다리에는 도움을 요청하는 쪽지가 묶여 있었어요. 그중 두 마리는 그만 총에 맞아 죽었지요.

하지만 휘틀지가 키우던 마지막 비둘기 '셰르 아미'는 가까스로 미국 육군 본부까지 날아갔어요. 가는 도중에 총을 두 번이나 맞았는데도 말이에요.

그 덕분에 미국 육군은 휘틀지의 부대를 찾아 구조해 냈어요.

셰르 아미는 한쪽 다리를 잃었지만 영웅이 되어 훈장을 받았지요.

10 10일 하고도 하루가 사라졌어요…

1752년 9월 영국에서 생긴 일이에요.

1752년 9월 2일 잠자리에 든 영국 사람들은 다음 날 아침에 9월 14일을 맞이했어요. 당시 유럽 대부분의 나라에 맞추어 영국도 **율리우스력**에서 **그레고리력**으로 달력을 바꾸었기 때문이에요.

율리우스력

언제부터 : 기원전 45년. 율리우스 카이사르가 채택했어요.
어디서 : 고대 로마
1년의 기간 : 평균 365.25일. 1년을 365일로 정하고 남는 날들을 합쳐 4년마다 한 번씩 하루를 늘려요. 이 하루를 **윤날**이라고 해요.

그레고리력

언제부터 : 1582년. 교황 그레고리우스 13세가 채택했어요.
어디서 : 유럽, 남아메리카
1년의 기간 :
평균 365.2425일. 율리우스력은 400년 동안 윤날이 100번 있는데 그레고리력은 97번 있어요.

과학적으로 따지면 1년은 지구가 궤도를 따라 태양 주위를 한 바퀴 도는 데 걸리는 시간이어야 해요.

율리우스력의 1년은 실제로 지구가 태양 주위를 도는 시간보다 조금 길었어요. 그래서 시간이 흐를수록 달력의 날짜와 계절이 어긋나는 문제가 생겼어요. 이 문제를 해결하기 위해 만들어진 것이 그레고리력이에요.

1582년부터 1752년까지 영국은 유럽 대부분의 나라와 달리 율리우스력을 고집했어요. 그러다 보니 헷갈리는 일도 생겼어요.

1616년 4월 23일
눈을 감다.
미구엘 세르반테스

1616년 4월 23일
눈을 감다.
윌리엄 셰익스피어

스페인의 작가 세르반테스는 영국의 극작가 셰익스피어보다 열흘 일찍 죽었어요. 그런데도 무덤에 기록된 날짜는 똑같았어요.

영국 왕 윌리엄 3세는 1688년 11월 11일 네덜란드에서 배를 타고 출발했는데……

……영국에 도착한 날짜는 11월 5일이었어요.

11 세 달이 사라졌어요…

1751년 영국에서 생긴 일이에요.

그레고리력으로 바꾸기 전, 영국 정부는 새해가 시작되는 날짜를 바꾸기 위해 의회에서 투표를 했어요. 원래 영국은 **성모 영보 대축일**인 3월 25일이 새해 첫날이었어요. 하지만 투표 결과, 1752년부터는 1월 1일을 첫날로 삼게 되었어요.

이에 따라, 영국과 세계 곳곳의 영국 식민지에서는 1751년이 3월 25일에 시작해 12월 31일에 끝났어요.

이전보다 한 해가 세 달이나 짧아진 셈이었지요.

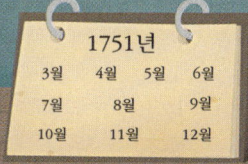

1751년
3월	4월	5월	6월
7월	8월	9월
10월	11월	12월

영국의 회계사들은 달력이 바뀌는 것이 싫어서 회계 연도를 바꾸지 않았어요. 오늘날에도 영국의 회계 연도는 4월 6일부터 시작돼요. 바로 율리우스력에서 새해 첫날인 3월 25일에 해당되는 날짜지요.

12 코끼리들이 알프스산맥을 넘어…

로마를 공격했어요.

2,200년 전, 북아프리카에 카르타고라는 도시 국가가 있었어요. 카르타고의 장군 한니발은 전투용 코끼리 40마리가 포함된 부대를 이끌고 알프스산맥을 넘어 로마로 쳐들어갔어요. 로마군은 한니발 장군의 부대를 보고 혼비백산했어요.

로마는 적이 남쪽에서 바다를 통해 공격해 올 거라고 예상하고 있었어요. 한니발은 이 예상을 깨고 북쪽에서 육지를 통해 로마를 공격한 것이었지요.

한니발은 이 기습 공격으로 로마군을 차례차례 물리쳤어요. 그리고 15년 동안 이탈리아반도 대부분을 점령해 나갔어요.

론강
피레네산맥
알프스산맥
지중해
로마

한니발은 스페인 남동부의 항구 도시 카르타고노바에서 출발했어요. 카르타고노바는 오늘날 카르타헤나라고 이름이 바뀌었어요.

카르타고노바
카르타고
아프리카

로마군은 아예 카르타고로 쳐들어갔어요. 위기에 처한 카르타고는 한니발에게 돌아와 싸우라고 명령했어요. 한니발의 부대는 열심히 싸웠지만 결국 기원전 202년 로마군에 패했어요.

- 🔴 로마 영토
- 🟣 카르타고 영토
- ⚔ 주요 전투가 벌어진 곳
- ── 한니발 부대의 경로
- ── 로마군의 경로

13 배에 위장 도색을 하면…

적군이 배를 명중시키기가 힘들어졌어요.

제1차 세계 대전 때 독일의 잠수함은 영국과 미국의 군함을 수천 척이나 침몰시켰어요. 큰 피해를 입은 영국과 미국의 해군은 고민 끝에 군함에 위장 도색을 하는 기발한 방법을 썼어요.

위장 도색을 한다고 군함이 눈에 덜 띄지는 않았어요. 하지만 적군에게 혼동을 주는 효과는 있었지요.

독일군이 잠수함에서 잠망경으로 바라본 모습

영국과 미국은 군함마다 지그재그나 불규칙한 줄 같은 독특한 무늬를 칠했어요. 이 무늬는 배의 윤곽이 불분명하게 보이도록 했어요.

이 무늬 때문에 독일군은 목표물의 크기, 속력, 방향을 정확하게 판단하기가 어려워졌어요.

잠수함 선장은 목표물을 눈으로 직접 확인하고 거리를 계산해서 어뢰를 발사했어요. 그래서 조금만 잘못 판단해도 목표물을 빗맞히기 일쑤였어요.

목표물이 얼마나 빨리 가고 있나?

저게 뭔지도 잘 모르겠습니다!

14 바이킹은 싸우는 데 보내는 시간보다⋯

농사짓는 데 보내는 시간이 더 길었어요.

오늘날 스웨덴, 노르웨이, 덴마크 등이 있는 스칸디나비아반도에는 약 1,000년 전 바이킹이라는 민족이 살았어요. 바이킹은 다른 지역을 자주 침략해 악명이 높았어요. 하지만 알고 보면 바이킹이 그러는 기간은 1년 중 아주 일부에 지나지 않았어요.

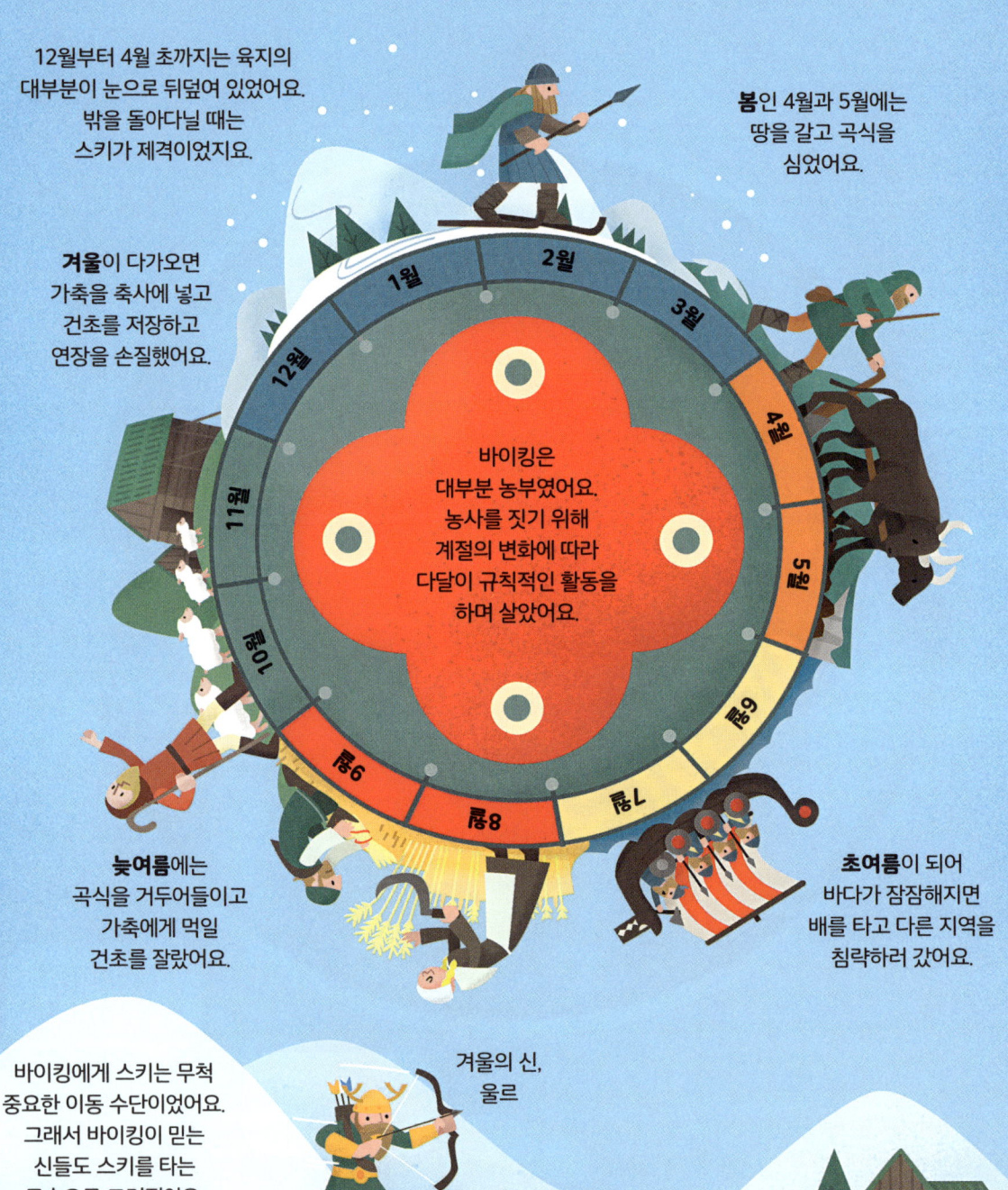

15 아키텐 지역을 다스린 엘레오노르는…

서로 전쟁을 벌인 두 나라의 왕비였어요.

1122년 출생

1137년
프랑스 남서부인 아키텐 지역을 물려받은 엘레오노르는 프랑스 왕 루이 6세의 아들과 결혼했어요. 엘레오노르의 남편은 루이 7세가 되었어요.

1147년~1149년
엘레오노르와 루이 7세는 함께 제2차 십자군 전쟁을 주도했어요. 하지만 이 전쟁은 패배로 끝났어요.

이 두 번째 결혼으로 아키텐 지역은 영국이 다스리게 되었어요. 이로 인해 영국과 프랑스 사이에 전쟁이 일어났어요.

1152년
엘레오노르는 루이 7세와 이혼하고 곧바로 영국의 왕족과 재혼했어요. 새 남편은 1154년 영국 왕 헨리 2세가 되었어요.

1173년
엘레오노르는 헨리 2세에게 맞서 반란을 일으킨 아들들을 도와주었지만 반란은 실패했어요. 엘레오노르는 감금되었다가 1189년 헨리 2세가 죽은 뒤 16년 만에 풀려났어요.

1204년
풀려난 이후 엘레오노르는 아들인 리처드와 존이 영국 왕위에 오르는 것을 보았고 손녀가 프랑스 왕비가 되는 것을 보았어요. 그리고 82세의 나이로 눈을 감았어요.

16 피라미드가 가장 많은 곳은...

이집트가 아니라 중앙아메리카라예요.

이집트의 피라미드는 세계적으로 유명하지요. 하지만 고대에 다른 여러 지역에서도 피라미드를 만들었어요. 피라미드는 대개 왕의 무덤이나 신을 모시는 사원으로 쓰였어요.

메소포타미아에서는 '지구라트'라는 이름의 계단식 피라미드를 지었어요. 지구라트는 대개 꼭대기에는 신전이 있어요.

현대에 지어진 피라미드도 있었어요. 대표적인 것이 프랑스 파리의 루브르 박물관 앞에 있는 유리 피라미드예요.

▲ = 피라미드 10개

이집트에서 가장 큰 피라미드는 원래 높이가 146.5미터였어요. 영국의 링컨 대성당이 지어지기 전까지 약 3,800년 동안 인간이 손으로 만든 가장 높은 건축물이었어요.

메소포타미아(이라크)
- 피라미드 약 30개
수메르, 바빌로니아, 아시리아
기원전 3000년~기원전 500년

이집트 - 피라미드 약 130개   기원전 2600년~기원전 1600년

페루 - 피라미드 약 250개
노르테치코, 모체, 치무, 잉카   기원전 2000년~기원후 1532년

수단 - 피라미드 약 250개   쿠시 왕국   기원전 700년~기원후 300년

중앙아메리카(멕시코, 과테말라, 벨리즈, 온두라스 등) - 피라미드 약 1,000개
올메크, 아즈텍, 마야   기원전 1000년~기원후 1697년

17 도굴을 막기 위해…

이집트 피라미드에는 여러 장치가 있었어요.

이집트 파라오는 왕의 무덤이라서 귀한 보물이 함께 들어 있었어요. 그래서 도굴꾼을 막으려고 피라미드에는 알아보기 힘든 입구, 막다른 길, 숨은 통로 등이 만들어졌어요.

기원전 1860년부터 기원전 1814년까지 이집트를 다스린 아메넴헤트 3세의 피라미드

내려가는 문
돌로 된 거대한 문으로 통로를 막았어요.

모실
아메넴헤트 3세의 나무 관을 둔 방이에요. 안에는 미라가 보물로 둘러싸인 채 누워 있었어요. 모실은 돌덩이로 안전히 막아 두었어요.

통로
이 통로로 가면 막다른 길이 이 길로 들어섰다가는 헤매느라 시간만 낭비할 거예요.

비밀문
천장에 있는 작은 문을 열면 숨은 통로가 나왔어요. 이 통로는 모실로 이어졌어요.

계단

입구
모덤으로 들어가는 입구를 바깥에서 알아 놓았어요. 피라오의 장례식을 마친 뒤에는 이 입구를 알아보기 어려웠어요.

이런 장치들도 도굴을 막지 못했어요. 기원전 1000년 무렵 이미 이집트의 130개 피라미드에 보물이 거의 다 도난당한 상태였어요.

오시리스(저승의 신)
이집트 사람들은 죽은 뒤에 또 다른 세계로 간다고 믿었어요. 그래서 왕이 죽은 이후의 세계에서 쓸 보물과 물건을 피라미드 안에 함께 묻었어요.

18 세계에서 가장 긴 울타리는…

영국의 지배를 받던 인도 한복판에 있었어요.

1840년대부터 1870년대까지 인도에서 일하던 영국 관료들은 몰래 사고 파는 밀수를 막는 것이 중요한 임무였어요. 그래서 인도 땅의 거의 대부분을 가로지르는 장벽을 세웠지요. 말이 장벽이지, 대부분 인도의 식물들을 심어 놓은 것이어서 **인도의 거대 울타리**라는 별명이 붙었어요.

총 길이 : 4,030킬로미터
최대 높이 : 3.7미터
최대 두께 : 4.3미터

울타리 동쪽 지역
독립을 유지하긴 했지만 간접적으로 영국의 지배를 받았어요.

울타리 서쪽 지역
영국 정부가 직접 다스리는 식민지였어요.

관료들은 울타리 동쪽 사람들이 비싼 소금을 밀수해 가는 것을 막으려 했어요.

울타리는 황무지를 지나기도 했어요. 이런 곳은 울타리를 이루는 식물이 제대로 자라지 않았어요. 그래도 역시 사람이 건너다닐 수는 없었지요.

울타리를 따라 1,700군데가 넘는 세관이 설치되어 있었어요. 세관의 직원 수는 1만 2,000명에 달했어요.

울타리에는 지역에 따라 다양한 식물이 자랐어요.

자두나무   아카시아
고무나무   선인장

19 핵폭탄을 두 번 맞고도 살아남은 사람들은…

약 160명이었어요.

제2차 세계 대전이 일어난 지 6년째 되던 해, 미국은 일본 히로시마에 핵폭탄을 떨어뜨렸어요. 3일 뒤 나가사키에도 핵폭탄이 떨어졌어요. 그런데 히로시마와 나가사키에서 두 번이나 핵폭탄을 맞은 사람들도 있었어요.

히로시마
1945년 8월 6일
'리틀보이'라는 이름의 우라늄 폭탄
사망자 수 : 약 7만 명
부상자 수 : 약 7만 6,000명

나가사키
1945년 8월 9일
'팻맨'이라는 이름의 플루토늄 폭탄
사망자 수 : 약 4만 명
부상자 수 : 약 2만 1,000명

일본
혼슈
규슈

핵폭탄에 또 핵폭탄

히로시마에 핵폭탄이 터지자 많은 사람이 죽거나 다쳤어요. 살아남은 사람들 중 상당수는 이틀에 걸쳐 나가사키로 피난을 갔어요. 안전한 곳에서 건강을 되찾기 위해서였어요. 하지만 나가사키에서 두 번째로 핵폭탄이 터졌고, 히로시마에서 온 사람들 중 약 160명만이 살아남았지요.

기술자로 일하던 야마구치 츠모토라는 사람은 부상에서 회복되는 데 무려 10년이 걸렸어요. 그래도 2010년 93세가 될 때까지 오래오래 살았답니다.

핵폭탄 두 개로 엄청난 피해를 입은 일본은 항복을 선언했고 이로써 전쟁은 끝났지요. 그 뒤로 핵폭탄은 한 번도 사용되지 않았어요.

20 탐험의 목표는 결국 이루었지만…

아무도 돌아오지 못했어요.

1845년 두 척의 배에 나누어 탄 탐험대가 영국에서 출발해 얼음투성이인 캐나다 북쪽으로 항해를 시작했어요. 북극을 지나 태평양까지 가는 뱃길을 개척하는 것이 목표였지요. 하지만 배도 선원도 모두 실종되었어요. 몇 년 뒤, 여러 구조대가 이들을 찾아 나섰어요. 그리고 그 과정에서 탐험대가 원래 목표로 했던 뱃길을 개척하게 되었어요. 이 뱃길을 **북서항로**라고 해요.

129명으로 이루어진 이 탐험대는 역사상 가장 규모가 크고 가장 좋은 장비를 갖춘 북극 탐험대였어요. 대장인 존 프랭클린은 유명한 탐험가였고요.

프랭클린의 탐험대가 돌아오지 않자 세계 여러 나라가 구조대를 보냈어요.

수십 년 동안 북극을 샅샅이 뒤졌지만 구조대가 찾아낸 것은 떠다니는 배 조각과 버려진 보트, 곳곳에 흩어진 수백 개의 뼛조각뿐이었어요.

1859년 돌무더기에서
쪽지 하나가 발견되었어요.
이 쪽지에는 프랭클린의 탐험대가
죽음에 이른 과정이 쓰여 있었어요.

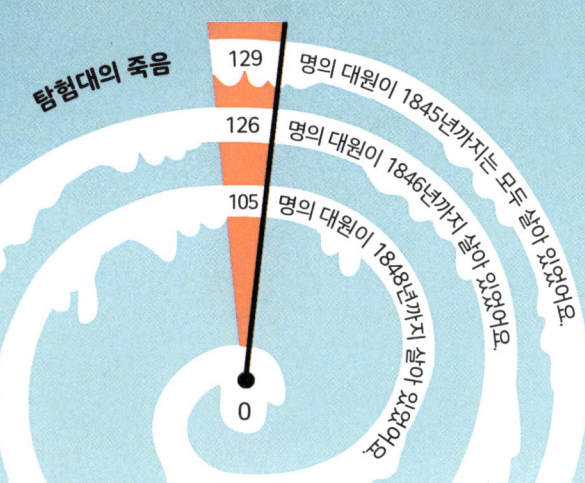

탐험대의 죽음

129 명의 대원이 1845년까지는 모두 살아 있었어요.
126 명의 대원이 1846년까지 살아 있었어요.
105 명의 대원이 1848년까지 살아 있었어요.
0

탐험대가 탄 배는 바다가 어는 바람에
두꺼운 얼음에 갇혔어요. 대원들은 굶주림에
시달리고 괴혈병 등 여러 병을 앓았어요.
납으로 만든 식수 탱크의 물을 마시고
심각한 납 중독에 걸리기도 했고요.
그렇게 해서 많은 대원이 죽어 갔어요.

살아남은 대원들은 배에서 내려,
안전한 곳을 찾아 남쪽으로 수백 킬로미터를
걸어갔어요. 줄어든 식량은 보트나
썰매에 싣고 얼음 위로 끌고 갔지요.

하지만 결국 아무도 살아남지 못했어요.

이 탐험은 비극으로 끝났지만 결국 원래의 목적을 이루는 발판이 되었어요.
1854년까지 **36팀의 구조대**가 북극 곳곳을 샅샅이 수색하다 보니
북서 항로를 개척해 냈거든요.

21 옷을 걸치지 않은 이 고행자는…

원래 왕자였어요.

마하비라는 약 2,600년 전 인도에서 왕자로 태어났어요. 그는 30세에 집을 떠나 깨달음을 얻기 위해 수년 동안 노력했어요. 그리고 자신이 알아낸 비결을 사람들에게 전파해 나갔어요. 이렇게 해서 **자이나교**라는 종교가 탄생했어요.

마하비라가 가르친 핵심은 **아파리그라하**와 **아힘사**였어요.

아파리그라하는 옷을 비롯해 그 무엇도 가지지 않는 것을 뜻해요.

아힘사는 사람이든 동물이든 심지어 벌레 한 마리조차 해치지 않는 것을 뜻해요.

종교적인 이유로 평범한 삶을 버리고 단식처럼 어려운 일을 지속하는 것을 **고행**이라고 해요. 고행은 거의 모든 종교에 존재해 왔어요.

초기 기독교
수년 동안 기둥 위에서 지내며 기도하는 수도자들이 있었어요. 이들은 지나가는 사람들이 주는 음식을 먹고 살았어요.

수피즘
이슬람교의 한 종류로, 밤을 새워 기도하거나 노래를 불러요.

니치렌종
일본 불교의 한 종류로 겨울에 얼음처럼 차가운 폭포를 맞으며 몸을 깨끗이 하는 의식을 가져요.

22 행복의 상징이…

누군가에게는 불쾌감을 줘요.

만자문(卍)은 고대부터 세계 곳곳에서 쓰인 무늬예요. 약 5,000년 전 인도 북쪽의 인더스 문명에서 이 무늬를 최초로 썼다고 알려져 있어요.

인도의 힌두교도들은 이 무늬에 처음으로 이름을 붙였어요. '스와스티카'라는 이 이름은 산스크리트어로 '행운', '행복' 이라는 뜻이에요.

자이나교와 불교에서도 만자문을 선함과 행복의 상징으로 삼았어요.

북아메리카에 살던 나바호족은 만자문을 '회전하는 통나무'라고 부르며, 건강의 상징으로 여겼어요.

나바호족은 종교적 의식을 치를 때 모래, 광물 가루, 옥수수 가루, 꽃가루로 '회전하는 통나무'를 땅바닥에 그리기도 했어요.

1920년대 독일에서 아돌프 히틀러가 이끄는 **나치당**이 자신들의 깃발에 만자문을 그려 넣었어요. 히틀러가 직접 선택한 디자인이지요.

히틀러에게는 아리안 혈통을 가진 사람만이 진정한 독일인이라는 믿음이 있었어요. 그는 제2차 세계 대전을 일으키고, 유대인과 집시를 비롯한 수백만 명의 사람을 죽이라고 명령했어요. 그 바람에 오늘날 유럽에는 만자문을 보고 나치를 떠올리며 불쾌감을 느끼는 사람이 많아요.

23 표트르 대제는 키가 크고…

팔꿈치 왕은 키가 작았어요.

| 표트르 대제 | 구세주 이자베우 | 음유 시인 알폰소 |

러시아의 왕
재위 기간 : 1682년~1725년
키 : 203센티미터
서 있을 때면 얼굴이 다른
사람들 머리 위로 쑥 올라왔어요.

브라질의 황녀
재임 기간 : 1850년~1891년
브라질에서 모든 노예를 해방하는
법에 서명했어요.

아라곤의 왕
재위 기간 : 1164년~1196년
직접 시를 짓고 곡을 붙여
노래했어요.

24 마케도니아의 알렉산드로스 대왕은…

자신의 말 이름을 따서 도시 이름을 지었어요.

알렉산드로스 대왕의 말 외에도 역사책에 등장하는 유명한 말이 많아요.

부세팔루스 (기원전 355년 무렵~기원전 326년)
사나운 전투용 말로, 오직 알렉산드로스 대왕만
등에 타는 것을 허락했어요. 부세팔루스가 죽자
알렉산드로스 대왕은 한 도시에 부세팔루스라는
이름을 붙였어요.

인키타투스 (1세기)
로마 황제 칼리굴라의 말로, 금가루를 뿌린
귀리를 먹었어요. 칼리굴라가 원로원을
모욕하기 위해 인키타투스를 원로원 의원으로
임명하려 했다는 이야기가 전해져요.

| 폭군 이반 | 책벌레 칼만 | 팔꿈치 왕 브와디스와프 |

러시아의 왕
재위 기간 : 1547년~1584년
툭하면 끔찍한 폭력을 휘둘렀어요.
심지어 자기 아들까지 죽였어요.

헝가리의 왕
재위 기간 : 1095년~1116년
엄청나게 총명하고 책을
많이 읽는 왕으로 온 유럽에
이름을 날렸어요.

폴란드의 왕
재위 기간 : 1320년~1333년
키가 '팔꿈치 높이'였다고 해요.
하지만 정확히 몇 센티미터였는지는
기록이 남아 있지 않아요.

마로코 (1586년 무렵~1606년 무렵)
유럽 곳곳을 돌며 재주를 선보였어요.
두 발로 서서 걷고, 죽은 시늉을 하며, 동전을 셌지요.
그 능력이 어찌나 대단했던지 마로코의 조련사는
마법을 부린다는 이유로 두 번이나 체포당했어요.

우아소 (1933년~1961년)
칠레의 경주용 말로, 원래는 성적이 평범했어요.
그런데 다시 훈련받은 뒤, 높이뛰기 경주에서
2.47미터라는 기록을 세웠어요. 이 기록은
70년이 지나도록 깨지지 않고 있어요.

25 중국에서는 끝내주게 어려운 시험 때문에…

응시자가 목숨을 잃기도 했어요.

7세기부터 19세기까지 중국에는 과거라는 이름의 시험이 있었어요.
과거에 합격하면 누구나 정부 관료가 되어 엄청난 영향력과 지위를 누리게 되었어요.
그런데 과거는 상상 이상으로 혹독한 시험이었어요.

① 낮은 등급의 과거 : 통과율 10~20퍼센트

서예

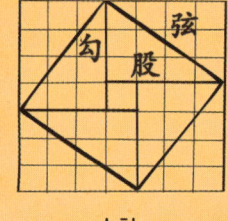
수학

공자의 유교 사상을
바탕으로 만들어진 법률

말타기와 활쏘기

합격자는 몇 년을 더 공부한 뒤
높은 등급 시험에 도전했어요.

② 높은 등급의 과거 : 통과율 1~2퍼센트

- 정해진 형식에 맞추어 글 짓기
- 자유롭게 시 짓기

14세기부터는 높은 등급의 과거가 무려 **2박 3일** 동안 치러졌어요.

과거 응시자는 칸칸이 나뉜
자그마한 독방에 앉아서
시험을 치렀어요. 종이와 먹은
각자 준비해야 했어요.

어떤 응시자는
너무 긴장한 나머지
제대로 먹지도 자지도
못했어요.

과거의 규정 중에는 응시자가
시험 도중에 죽었을 때
대처하는 방법에 대한 것도
있었어요.

26 로마에서는 주인과 노예가…

1년에 한 번 서로 역할을 바꾸었어요.

고대 로마에서는 해마다 '사투르날리아'라는 축제를 벌였어요. 축제 기간만큼은 사회의 규칙은 따르지 않아도 괜찮았지요. 사람들은 선물을 주고받으며 마음껏 먹고 마셨어요. 또 귀족이 노예에게 음식을 대접했어요.

여자든 남자든 모두 나뭇잎으로 만든 왕관을 썼어요.

모두 춤을 춰요!

귀족은 노예나 평민의 차림새를 했어요.

주로 노예 한 명이 농사의 신 사투르누스 역할로 뽑혀 축제를 이끌었어요.

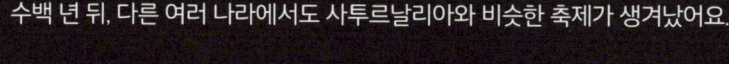
수백 년 뒤, 다른 여러 나라에서도 사투르날리아와 비슷한 축제가 생겨났어요.

중세 영국
12번째 밤 축제 (1월 5일)

이날의 사회자로 뽑힌 사람은 상대가 귀족이든 소작농이든 누구에게나 바보 같은 일을 시킬 수 있었어요.

중세 프랑스
바보 축제 (1월 1일)

성직자들이 역할을 바꾸어 여자처럼 옷을 입거나 괴상한 가면을 썼어요.

27 우주에서 날아온 운석은…

북극의 바다표범을 사냥하는 도구가 되었어요.

수백 년 전, 북극에 사는 사람들은 운석에서 구한 철로
무기와 도구를 만들었어요.

북극권 안에서도 북쪽에 위치한 얼어붙은 땅이에요.
이곳에서는 쓸 만한 철을 구하기가 힘들어요.
그래서 **8세기** 무렵부터 사람들은 운석에서 철을 구했어요.
운석이란 우주에서 지구로 떨어진 암석이에요.

가장 유명한 운석은 **케이프요크 운석**으로,
약 1만 년 전 그린란드에 떨어졌어요.

케이프요크 운석은 떨어지면서
여러 개의 거대한 덩어리로 쪼개졌어요.
그중 한 덩어리의 무게만도 **31톤**에 달했어요.
그린란드 사람들은 망치를 들고 멀리서 찾아와서는
운석에서 철 조각들을 떼어 가져갔어요.

28 치욕의 플루트는…

음악가에게 내리는 벌이었어요.

예전에는 죄인에게 내리는 벌이 아주 잔인하고도 특이했어요.
중세 시대 네덜란드 암스테르담에서는 못된 음악가에게 '치욕의 플루트'라는 벌을 내렸어요.

음악가의 목에 플루트를 쇠줄로 걸고 손가락은 플루트에 꽉 고정시켜 놓았어요.

중세 네덜란드

16세기 독일

행실이 나쁜 자는 많은 사람 앞에서 치욕의 가면이라는 것을 써야 했어요. 가면의 종류는 다양했어요. 이렇게 생긴 가면은 '돼지처럼 행동한 것'에 대한 벌이었어요.

19세기 영국

잘못을 저지른 학생은 종이로 만든 바보 모자를 쓰고 교실 구석에 서 있어야 했어요. 알파벳 D는 바보를 뜻하는 영어 단어 '던스 dunce'의 머리글자예요.

17세기 미국

성직자에게 무례하게 군 신자는 일요일마다 흰 천을 몸에 두르고 하얀 지팡이를 든 채 교회 안에 서 있어야 했어요.

29 꼬리가 아홉 개 달린 고양이가…

배에서 선원들이 질서를 지키게 했어요.

수백 년 동안 영국 해군은 잘못을 저지른 선원에게 무조건 큰 벌을 내렸어요. 선원들의 안전을 지킨다는 이유였지요. 가장 흔한 벌은 채찍으로 때리는 것이었어요. 이 채찍은 아홉 개의 가닥으로 이루어져 있어서 **꼬리가 아홉 개 달린 고양이**라 불렸어요.

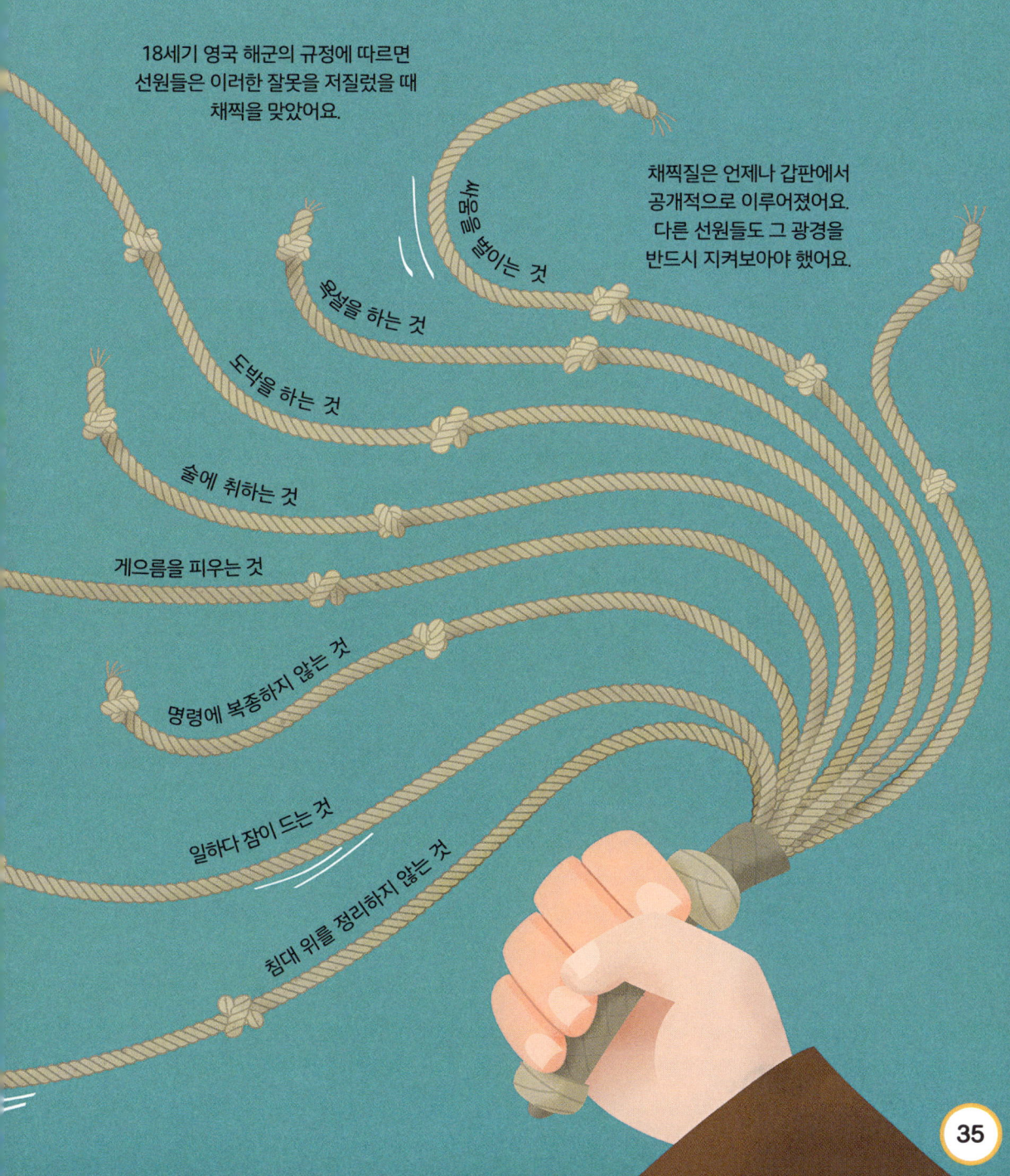

18세기 영국 해군의 규정에 따르면 선원들은 이러한 잘못을 저질렀을 때 채찍을 맞았어요.

채찍질은 언제나 갑판에서 공개적으로 이루어졌어요. 다른 선원들도 그 광경을 반드시 지켜보아야 했어요.

- 싸움을 벌이는 것
- 욕설을 하는 것
- 도박을 하는 것
- 술에 취하는 것
- 게으름을 피우는 것
- 명령에 복종하지 않는 것
- 일하다 잠이 드는 것
- 침대 위를 정리하지 않는 것

30 크리켓 경기는…

최초로 두 나라 사이에 공식적으로 벌어진 스포츠 경기였어요.

1844년 9월 24일 미국 뉴욕에서 성 조지 크리켓 클럽의 주최로 미국과 캐나다 사이의 크리켓 경기가 펼쳐졌어요. 경기는 이틀 동안 진행되었지요. 이 크리켓 경기는 스포츠 팀이 나라를 대표해 공식적으로 벌인 최초의 경기였어요.

크리켓은 각 11명의 선수로 이루어진 두 팀이 경기를 해요. 선수들이 차례차례 방망이로 공을 쳐서 점수를 내요.

이 경기를 보려고 약 5,000명의 관중이 모였어요. 관중들이 경기 결과를 놓고 내기에 건 돈이 **10만 달러**가 넘었지요.

캐나다가 23점 차이로 승리했어요.

1회	캐나다	미국
점수	82	64
2회	캐나다	미국
점수	63	58

캐나다나 미국이나 이제 더 이상 크리켓을 즐겨 하지 않아요. 19세기 후반부터 크리켓보다 속도가 더 빠르고 장비는 덜 필요한 스포츠가 큰 인기를 끌었거든요. 그 스포츠는 바로 야구예요.

31 영국 최초로 의대에 입학한 여자는…

남자 이름을 가지고 있었어요.

마거릿 앤 버클리는 1809년 영국에서 여자로는 최초로 의과 대학에 들어갔어요. 당시에는 남자만이 의학 공부를 할 수 있던 터라 마거릿 앤 버클리는 꿈을 이루기 위해 몰래 남자 행세를 한 거예요. 이런 선택을 한 여자들이 이 외에도 또 있어요.

나는 어떤 사람이 될까?

아론소 디아스 라미레스 데 구스만으로 알려진 **카타리나 데 에라우소**
(1592년~1650년)

스페인의 군인

알렉산더 소코로브로 알려진 **나데즈다 두로바**
(1783년~1866년)

러시아의 기병대 장교

영국의 군의관

제임스 배리로 알려진
마거릿 앤 버클리
(1789년 무렵~1865년)

중국의 군인

목란
(5세기 또는 6세기)

미국의 역마차 마부이자 목장 주인

애꾸눈 찰리 파크허스트로 알려진 **샬럿 파크허스트**

죽고 나서야 여자라는 사실이 밝혀진 경우도 있었어요.

32 가장 최근의 암흑시대는…

이제 막 시작되었어요.

역사가들은 기록이 거의 남아 있지 않은 시대를 **암흑시대**라고 일컬어요. 로마 제국이 무너진 이후의 유럽이 대표적인 암흑시대예요. 오늘날에도 또다시 암흑시대가 시작되었다고 걱정하는 사람들도 있어요. 우리가 여러 방법으로 저장해 놓은 기록들을 미래에는 아무도 보지 못할지도 모른대요.

고대 그리스의 암흑시대
기원전 1100년 무렵~
기원전 750년

청동기 시대가 끝난 뒤부터 도시 국가가 생겨나기 전까지예요.

유럽의 암흑시대
6세기 무렵~10세기

서로마 제국이 멸망한 뒤부터 신성 로마 제국이 시작되기 전까지예요.

캄보디아의 암흑시대
1450년 무렵~1863년

크메르 제국이 멸망한 뒤부터 프랑스의 식민지가 되기 전까지예요.

디지털 암흑시대
1950년대 ~ 오늘날

컴퓨터가 발명된 뒤로 사람들은 카세트테이프, 플로피 디스크, CD 등 온갖 장치에 디지털 정보를 저장해 왔어요.

컴퓨터 기술은 변화가 무척 빨라요. 그렇다 보니 최신 컴퓨터로는 예전 방식의 장치에 저장된 정보를 볼 수 없어요.

우리가 쏟아 내는 많은 정보가 우리도 모르는 사이에 미래에는 볼 수 없는 정보가 될지도 몰라요.

(인터넷의 아버지, 빈트 서프)

33 빅토리아 시대의 벽지에는…

독성 물질이 들어 있었어요.

19세기 유럽에서는 값싼 안료와 염료가 발명되었어요. 그 덕분에 사람들은 집 안을 화사한 색깔로 꾸밀 수 있게 되었지요. 하지만 이 멋진 색깔을 위해서는 무시무시한 대가를 치러야 했어요.

초록색 계열 안료인 **셸레그린**과 **파리스그린**은 폭발적인 인기를 끌었어요. 장난감부터 벽지까지 다양하게 쓰였어요.

1858년 무렵까지 영국의 가정집에 쓰인 셸레그린 벽지의 양은 2억 6,000만 제곱킬로미터의 공간을 덮을 정도였어요.

셸레그린 벽지에는 **비소**라는 독성 물질이 있었어요. 손수건 한 장만 한 넓이의 벽지에 든 비소만으로도 목숨을 위협할 정도였지요.

셸레그린 벽지를 바른 방에서는 벽지에서 미세한 비소 가루가 서서히 떨어져 나왔어요.

습기로 인해 구멍이 난 벽지 귀퉁이에서는 화학 반응이 일어나 비소 가스가 발생했어요.

많은 사람이 셸레그린 벽지의 비소가 심각한 병을 일으킨다는 사실을 깨달았어요. 그런데도 셸레그린 벽지는 생산이 금지되지 않았어요.

34 흑사병이 순식간에 퍼졌어요…

하루에 40킬로미터씩 퍼지기도 했어요.

흑사병은 14세기에 유럽과 아시아, 북아프리카를 휩쓸었어요.
특히 유럽에서는 고작 4년 만에 인구 절반의 목숨을 앗아 갔지요.
치료법을 아는 사람은 아무도 없었어요.

흑사병은 여러 가지 방법으로 퍼져 나갔어요.

검은 쥐에 붙어 사는 벼룩에게 물려서
흑사병에 걸리기도 했어요.

공기를 통해 다른 사람으로부터
전염되어 흑사병에 걸리기도 했어요.

흑사병에 걸린 사람은 열이 나고 고통스러워할
뿐 아니라 피부에 검은 부스럼이 났어요.
그래서 흑사병이라는 이름이 붙은 거예요.

유럽

육지에서는 하루에
약 3킬로미터의 속도로
흑사병이 퍼졌어요.

흑사병은 뱃길을 따라
놀라운 속도로 퍼졌어요.
배는 하루에 약 40킬로미터를 항해했는데
전염된 쥐들이 배에 올라타고 있다가
새로 도착한 항구에 흑사병을 옮겼어요.

아프리카

35 고작 100년 사이에 이동 속도가…

10배나 빨라졌어요.

아주 오랜 시간 동안 인류에게 가장 빠른 교통 수단은 말이었어요.
그런데 19세기에 이르러 새로운 기술이 발명되면서 교통수단이 완전히 바뀌었어요.
사람들은 단 며칠 만에 바다를 건너고 대륙을 가로지르게 되었지요.
급기야 하늘도 날아다니게 되었고요.

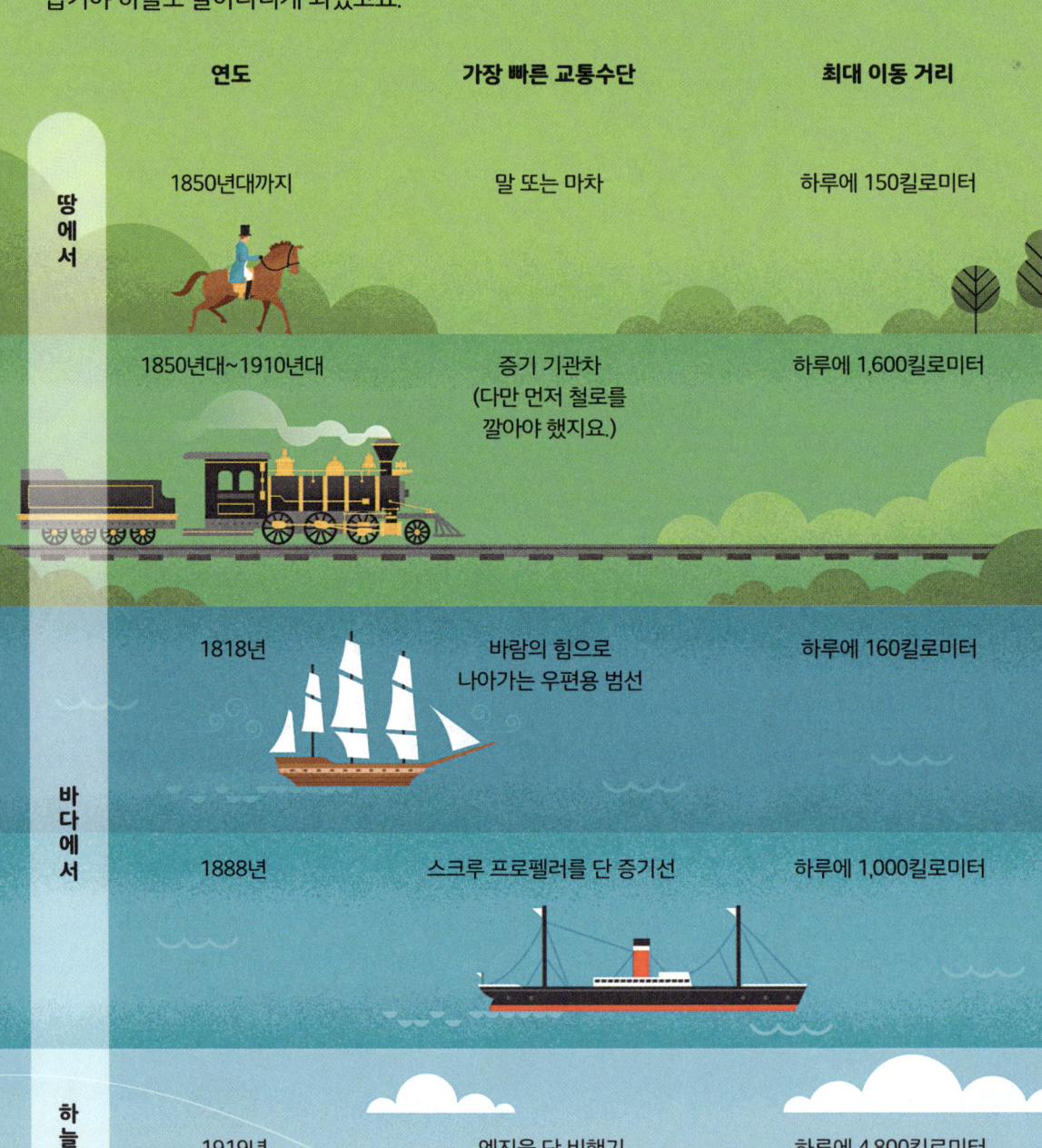

	연도	가장 빠른 교통수단	최대 이동 거리
땅에서	1850년대까지	말 또는 마차	하루에 150킬로미터
	1850년대~1910년대	증기 기관차 (다만 먼저 철로를 깔아야 했지요.)	하루에 1,600킬로미터
바다에서	1818년	바람의 힘으로 나아가는 우편용 범선	하루에 160킬로미터
	1888년	스크루 프로펠러를 단 증기선	하루에 1,000킬로미터
하늘에서	1919년	엔진을 단 비행기	하루에 4,800킬로미터

36 세계 일주 경쟁을 해서…

소설의 내용이 실제로 가능한지 시험해 보았어요.

1889년 11월 14일 미국 뉴욕의 기자 두 명이 쥘 베른의 소설 『80일간의 세계 일주』에 자극받아 색다른 경주를 시작했어요. 소설대로 80일 만에 세계 일주를 할 수 있는지 확인하기 위해서였어요.

넬리 블라이는 72일 6시간 11분 만에 세계 일주를 마쳐서 엘리자베스 비슬랜드를 이겼어요. 당시로써는 단연코 가장 빠른 기록이었지요. 엘리자베스 비슬랜드는 대서양을 건너는 시간이 길어지는 바람에 76일 12시간 만에 뉴욕으로 돌아왔어요. 그래도 80일보다는 짧은 기간에 세계 일주를 한 것이었어요.

37 잉카 제국의 황제가…

금으로 방을 가득 채웠어요.

1532년 잉카 제국의 황제 아타우알파는 스페인의 탐험가 프란시스코 피사로에게 붙잡혔어요. 아타우알파는 자신을 풀어 주는 대가로 커다란 방 안을 금으로 가득 채워 주겠다고 제안했어요.

피사로는 아타우알파의 제안을 받아들였어요. 곧 금과 은을 잔뜩 실은 라마들이 안데스산맥을 굽이굽이 지나 도착했어요.

잉카 사람들은 6,000킬로그램이 넘는 금과 그보다 더 많은 은을 가져왔어요. 역사상 유례가 없는 어마어마한 몸값이었지요.

하지만 피사로는 몸값을 받고서도 아타우알파를 죽였어요.

아우타알파가 다스리던 잉카 제국은 남아메리카에 있는 안데스산맥을 따라 터를 잡고 있었고 인구는 약 1,200만 명이었어요.

남아메리카

잉카 제국

스페인 사람들은 금과 은을 배에 싣고 스페인으로 돌아갔어요.

38 튤립의 값이 미친 듯 뛰어…

대저택만큼이나 비싸졌어요.

17세기 초 유럽에서 튤립은 새롭고 희귀한 꽃으로 주목받았어요. 또한 당시 네덜란드는 유럽에서 가장 부유한 나라였어요. 네덜란드 사람들은 돈이 많아지자 튤립을 사들이기 시작했고 그 바람에 튤립의 값이 쑥쑥 올라갔어요. 그렇게 **튤립 파동**이 시작되었지요.

튤립 알뿌리 하나의 값이 계속 올라 시간이 지날수록 더욱더 비싼 것들의 값과 맞먹게 되었어요.

맥주 통 34개의 값

치즈 454킬로그램의 값

통통한 양 12마리의 값

선원 1명이 1년 동안 먹는 음식의 값

마차 보관소가 딸린 화려한 대저택 1채의 값

그런데 1637년 2월 갑자기 튤립의 값이 뚝 떨어졌어요.

튤립을 지나치게 많이 수입했기 때문이었어요.

더 이상 아무도 튤립에 큰돈을 쓰려고 하지 않았어요. 이로써 튤립 파동은 막을 내렸지요.

39 계급이 높은 장군일수록…

미국 남북 전쟁에서 죽을 확률이 더 높았어요.

미국 남북 전쟁(1861년~1865년)은 역사상 가장 많은 사람이 목숨을 잃은 전쟁 중 하나로 꼽혀요. 며칠에 걸쳐 이어지는 격렬한 전투가 유난히 많았거든요. 전투에서 목숨을 잃을 확률이 높은 군인은 **하급 병사**들이 아니라 부대를 이끄는 **장군**들이었어요.

남북 전쟁의 사망자 수
(병으로 인한 사망자 포함)
60만~80만 명

25%
전체 군인 중 이만큼이 전투로 인해 죽었어요.

33%
전체 장군 중 이만큼이 전투로 인해 죽었어요.

40 총알이 아니라 전염병이…

미국 남북 전쟁에서 군인들을 더 많이 죽였어요.

막사에서 지내는 동안 많은 군인이 폐렴과 이질로 목숨을 잃었어요. 오염된 물이나 음식을 통해 병이 퍼졌지요.

전투로 인한 사망자 수
약 23만 명

병으로 인한 사망자 수
약 40만 명

41 노동자들이 기계를 박살 냈어요…

일자리를 잃을까 봐 두려웠기 때문이에요.

1811년 영국에서 한 무리의 노동자가 밤에 비밀리에 모여 공장을 잇달아 습격했어요. 천 짜는 기계를 부수고 공장을 불태웠지요. 새로운 기계에 일자리를 빼앗기지 않기 위해서였어요. 이들은 **러다이트**라 불렸어요.

러다이트는 뜨개질하기, 베 짜기, 실잣기에 능한 노동자들이었어요. 집이나 조그마한 작업장에서 일했지요.

러다이트는 밤에 모여 공격 계획을 짰어요.

'러다이트'라는 이름은 '네드 러드'라는 노동자에게서 따왔어요. 그는 기계가 도입된 초기에 항의 시위를 한 사람이었어요.

영국의 시인 바이런은 의회에서 러다이트를 위해 연설했어요. 하지만 러다이트를 탄압하는 가혹한 법이 만들어지는 것을 막지는 못했어요.

많은 사람이 처형되거나 호주에 있는 교도소로 보내졌어요. 러다이트의 반란은 1816년에 끝났어요.

그 뒤로 약 100년 동안 기계 덕분에 여러 산업이 폭발적으로 성장했어요. 이러한 변화를 **산업 혁명**이라고 해요.

42 독일은 러시아의 혁명가를 도와…

러시아에 큰 변화가 일어나도록 했어요.

제1차 세계 대전이 한창인 1917년 독일은 서쪽으로는 영국, 프랑스와 싸우고 동쪽으로는 러시아와 싸우고 있었어요. 독일은 러시아와의 싸움을 먼저 끝내고 싶었어요. 그래서 러시아에서 추방된 혁명가 레닌이 조국으로 돌아갈 수 있게 도왔지요. 러시아가 레닌 때문에 나라 안이 어수선해져 전쟁에서 물러나기를 바란 거예요.

1917년 3월
러시아의 수도 페트로그라드에서 혁명이 일어나 왕이 자리에서 물러나고 임시 정부가 들어섰어요.

노르웨이

스웨덴

페트로그라드
(나중에 이름이 레닌그라드로 바뀌었어요. 오늘날에는 이름이 상트페테르부르크예요.)

1917년 4월
몇 년 전 스위스 취리히로 망명했던 레닌이 러시아로 돌아갔어요. 기차를 타고 가는 동안 독일군이 호위해 주었어요.

배를 타고 스웨덴으로 이동

러시아

레닌은 치열한 전투가 벌어지는 지역을 피해 기차를 타고 갔어요. 그렇게 해서 8일 만에 러시아에 도착했어요.

독일

스위스 취리히

오스트리아-헝가리

1917년 11월
레닌의 주도로 또 혁명이 일어나 레닌이 러시아의 임시 정부를 장악했어요.

1918년 3월
레닌이 지도자가 되자, 독일의 바람대로 러시아는 제1차 세계 대전에서 빠졌어요.

43 레닌의 시신은…

2년마다 다시 방부 처리를 해요.

러시아에서 레닌은 혁명을 이끈 영웅으로 존경받고 있어요. 세계 최초의 공산주의 국가였던 **소련**도 레닌의 주도로 세워졌어요. 소련은 러시아를 비롯한 여러 나라가 합쳐 이루어진 거대한 나라였지요. 1924년 레닌이 죽자 소련 정부는 시신이 썩지 않도록 보존했어요.
지금도 모스크바의 붉은 광장에 있는 레닌의 묘에 가면 레닌을 볼 수 있어요.

레닌은 53세에 세상을 떠났어요. 혁명을 이룬 지 겨우 7년이 지났을 때였지요. 그의 시신은 즉시 방부 처리되었어요. 약 200명의 과학자가 2년마다 다시 방부 처리를 하고 있어요.

레닌의 묘에는 한때 이오시프 스탈린의 시신도 함께 있었어요. 스탈린은 레닌의 뒤를 이은 지도자로, 1953년에 죽었어요. 하지만 스탈린이 죽은 후 그의 잔인한 통치에 대한 비난이 커졌어요. 그래서 스탈린의 시신은 몇 년 만에 다른 곳으로 옮겨졌어요.

44 해적과 여왕이 만났을 때…

라틴어로 대화를 나누었어요.

16세기 중반, 영국이 아일랜드를 정복했어요. 영국의 지배에 가장 거세게 대항한 사람은 해적이자 아일랜드 코나하트 지역을 다스리던 그레이스 오말리였어요.
그레이스 오말리는 앙숙인 영국 여왕 엘리자베스 1세를 직접 만나 조약을 맺었는데 이때 두 사람은 라틴어로 말해야 했어요.

1560년대 그레이스 오말리는 자신의 배로
영국 소유의 땅을 습격하며 영국에 반항했어요.

그로부터 약 30년 뒤, 영국은 그레이스 오말리의 땅을 점령하고 아들을 잡아갔어요.
그레이스 오말리는 영국 템스강으로 배를 몰고 가 엘리자베스 1세에게 자신의 입장을 호소했어요.
두 사람은 서로 언어가 통하지 않았지만 대신 둘 다 라틴어를 할 줄 알았어요.
당시 유럽의 상류층은 라틴어를 배웠거든요.

나는 더 잃을 것도 없소!
내 땅과 아들을 돌려준다면
당신께 충성한다고 약속하지요!

아일랜드의 해적 여왕이라고?
우리 같은 여왕은 극히 드물지.
당신의 땅과 아들을 돌려주겠소!

아일랜드

영국

그레이스 오말리는 남은 삶도 해적으로 살았어요.
두 여왕은 1603년 몇 달 차이로 세상을 떠났어요.

45 영국 왕실에서 선보인 크리스마스트리는…

큰 유행이 되었어요.

집 안에 크리스마스트리를 두는 전통은 16세기 독일에서 시작되었어요. 영국의 빅토리아 여왕이 크리스마스트리 옆에 선 모습이 잡지에 실리면서 이 전통은 1850년대에 다른 나라들로도 퍼졌어요.

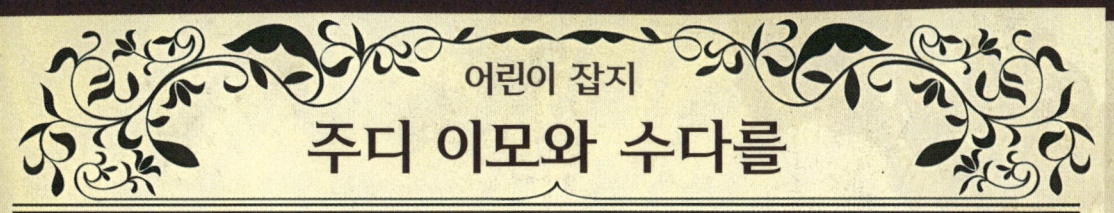

어린이 잡지
주디 이모와 수다를

왕실에서 크리스마스를 보내는 방법

빅토리아 여왕은 "우리 할머니인 샬럿 왕비께서 처음으로 영국에 크리스마스트리를 세우셨지요."라고 말했어요.

올해 여왕 부부는 어떤 크리스마스 선물을 준비했을까요?

멋진 그림 다수 수록

집 안을 환상적인 분위기로 꾸미는 비결! '최신식 전기 양초'는 피하세요.

영국은 수십 년 동안 해마다 빅토리아 여왕이 크리스마스트리와 함께 있는 그림을 인쇄해 전국에 선보였어요.

21세기인 오늘날, 전 세계에서 1억이 넘는 가정이 집 안에 크리스마스트리를 둬요.

46 로마 제국은 무척 넓은 나라였지만...

역사상 23번째로 넓었을 뿐이에요.

넓은 지역을 통일하거나 다른 여러 나라를 정복한 나라들이 여럿 있었어요. 그중 어떤 나라가 가장 강력하고 영향력이 컸는지는 정확히 가리기 힘들어요. 하지만 어떤 나라가 가장 넓은 영토를 가지고 있었는지는 알 수 있지요. 많은 후예도 격변을 겪었어요. 여기에 기록된 시기는 각 제국이 가장 컸던 시대를 기준으로 했어요.

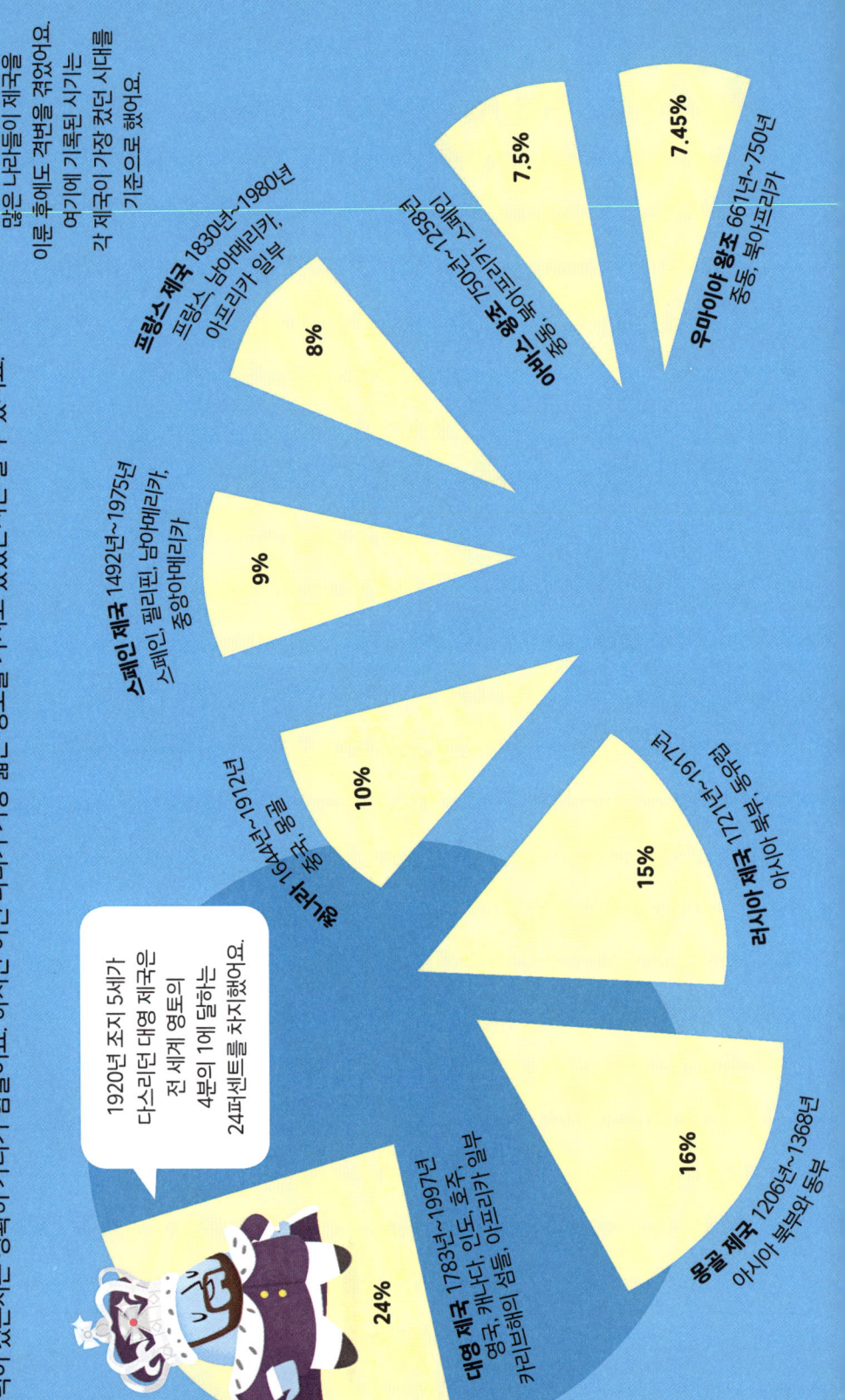

- **우마이야 왕조** 661년~750년 — 중동, 북아프리카 — 7.45%
- **당나라** 618년~907년 — 중국, 동·중앙아시아 — 7.5%
- **칼리프조** 750년~1258년 — 중동, 북아프리카, 이베리아반도 — (%)
- **프랑스 제국** 1830년~1980년 — 프랑스, 남아메리카, 아프리카 일부 — 8%
- **스페인 제국** 1492년~1975년 — 스페인, 필리핀, 남아메리카, 중앙아메리카 — 9%
- **청나라** 1644년~1912년 — 중국, 몽골 — 10%
- **러시아 제국** 1721년~1917년 — 아시아·유럽 북부, 동유럽 — 15%
- **몽골 제국** 1206년~1368년 — 아시아 북부와 동부 — 16%
- **대영 제국** 1783년~1997년 — 영국, 캐나다, 인도, 호주, 영토, 아프리카 일부, 카리브해의 섬들 — 24%

1920년 조지 5세가 다스리던 대영 제국은 전 세계 영토의 4분의 1에 달하는 24퍼센트를 차지했어요.

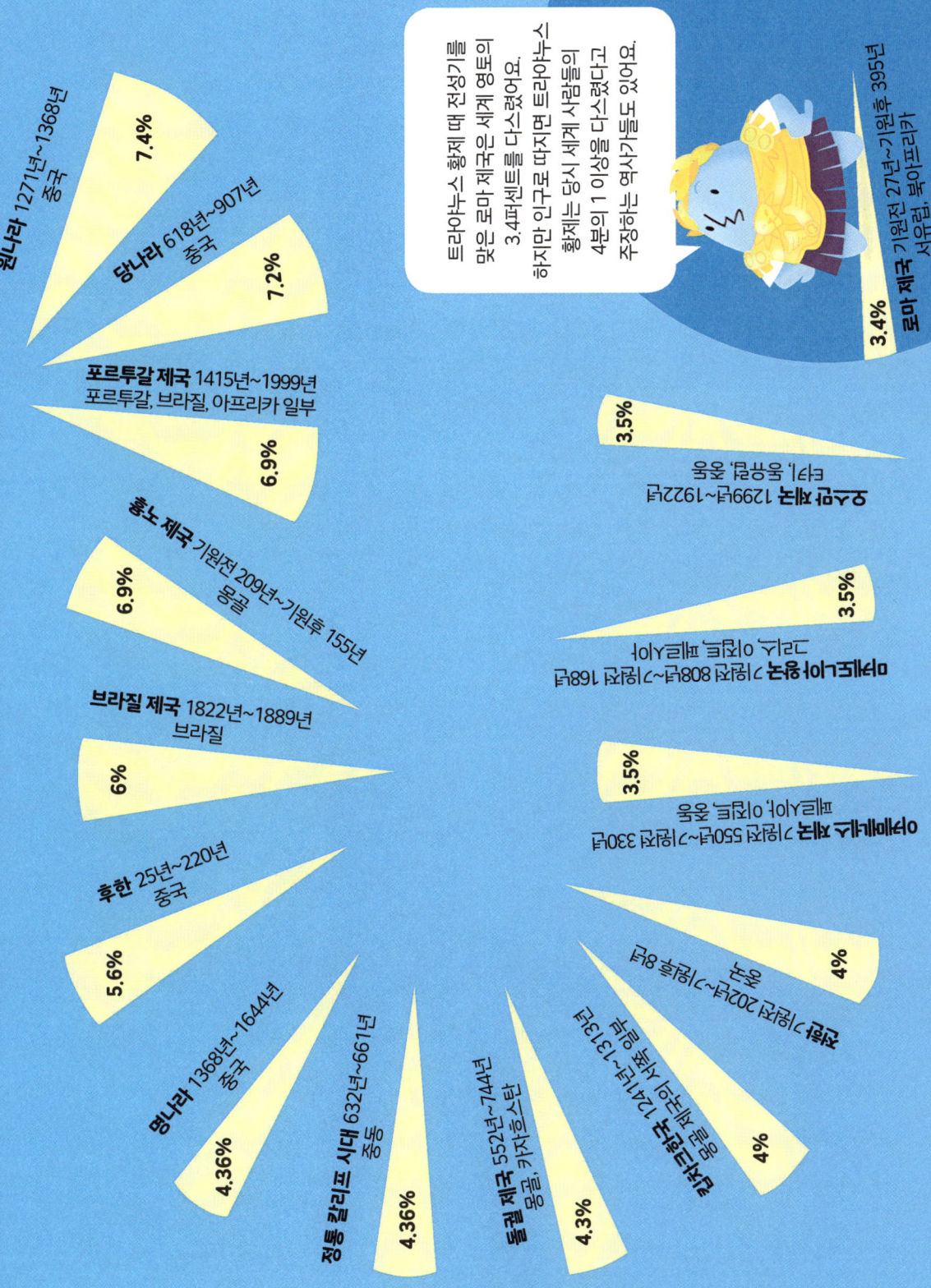

47 세계에서 가장 값비싼 염료는…

썩은 소라에서 얻었어요.

수천 년 전, 보라색 염료를 만드는 유일한 방법은 썩은 소라를 이용하는 것이었어요. 지중해 동부에 위치한 도시 국가 **페니키아**만이 이 방법으로 보라색 염료를 만들어 냈어요.

페니키아 사람들은 기원전 1500년 무렵 보라색 염료를 만들기 시작했어요.

보라색 염료의 재료가 된 것은 당시 지중해 해안에서 쉽게 구할 수 있었던 뿔소라였어요.

페니키아의 항구 도시 티레에는 뿔소라가 사는 구덩이가 많았어요. 뿔소라가 썩을 때까지 구덩이에 두면 썩은 몸통에서 귀한 보라색 염료를 얻을 수 있었지요.

1만 2,000마리의 뿔소라에서 나오는 보라색 염료의 양은 고작 손수건 한 장만 염색할 수 있을 정도로 적었어요.

보라색 염료는 같은 무게의 은만큼 비쌌어요. 돈이 많은 사람들만 보라색 테두리를 두른 옷을 입을 수 있었지요. 온통 보라색으로 물들인 옷은 그중에서도 최고로 부유한 사람들만 입었어요.

48 어느 왕이 금을 거저 나누어 주었어요…

그 바람에 경제 위기가 닥쳤어요.

14세기 무사 1세가 다스리던 말리 제국에는 셀 수 없을 만큼 금이 많았어요.
말리 제국뿐 아니라 말리 제국이 정복한 서아프리카 지역에서도 금이 많이 났거든요.

독실한 이슬람교도였던 무사 1세는 1324년 이슬람교에서 성스러운 도시로 여겨지는 메카로 순례를 떠났어요. 무사 1세는 가는 길에 만난 많은 사람에게 금을 나누어 주었어요. 또 여러 채의 모스크를 새로 짓는 데 돈을 댔지요.

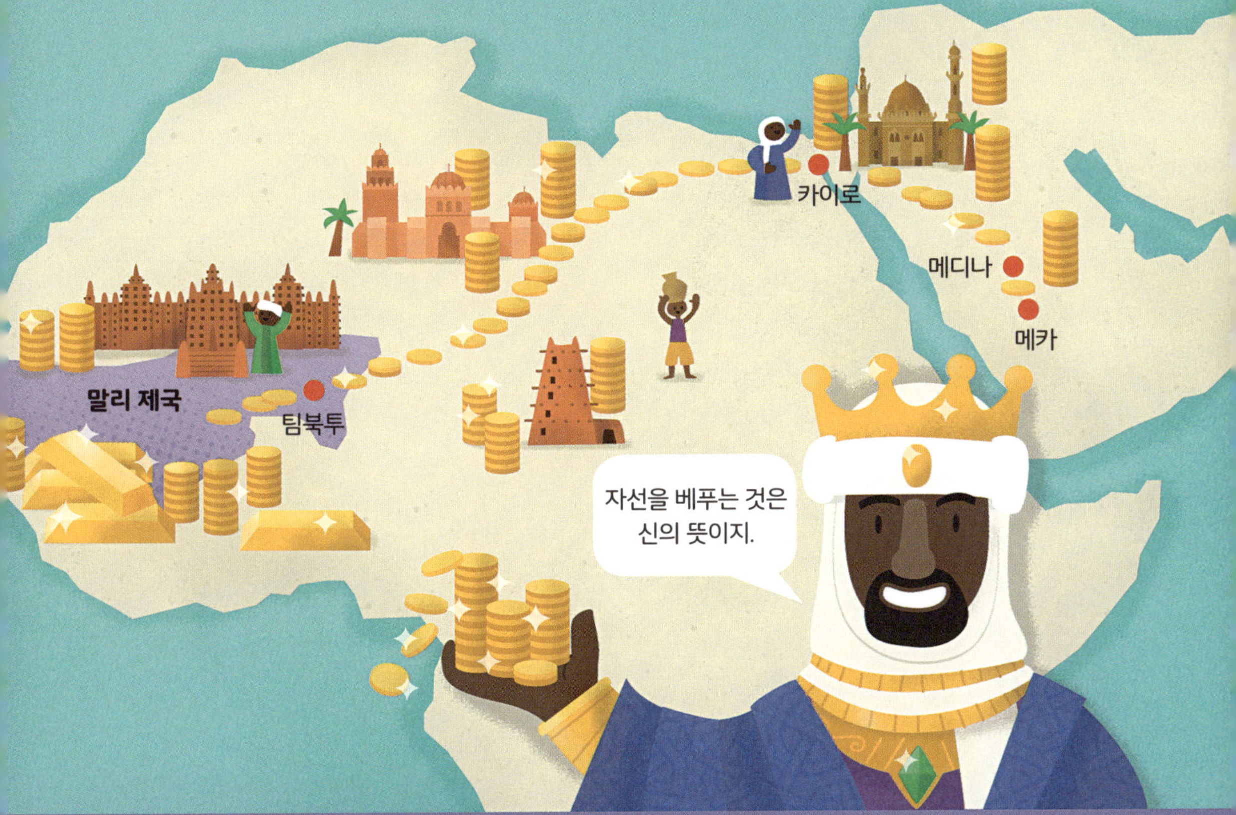
카이로
메디나
메카
말리 제국
팀북투
자선을 베푸는 것은 신의 뜻이지.

갑작스레 많은 사람이 많은 금을 가지게 되자 금이 너무 흔해져 금화의 가치가 뚝 떨어졌어요.

금화의 가치가 떨어진 만큼 반대로 물건의 값은 올라갔어요. 물건의 값이 한도 끝도 없이 뛰는 **초인플레이션**이라는 경제 위기가 시작되었지요.

사람들은 더 이상 물건을 살 수도 없는 지경이 되었어요. 금화의 가치가 너무 낮다 보니 누구도 금화를 받으려 하지 않았기 때문이에요.

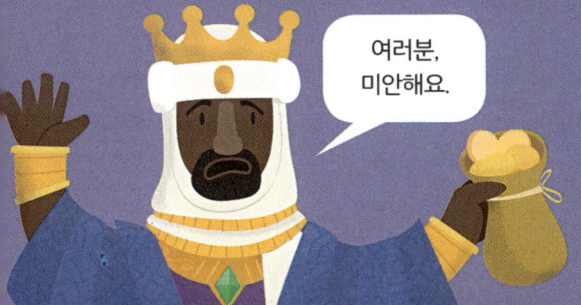

여러분, 미안해요.

무사 1세는 말리 제국으로 돌아가면서 자신이 나눠 주었던 금을 도로 샀어요. 약 10년이 지나서야 마침내 경제 위기가 사그라들었어요.

49 6일 동안 벌어진 전쟁 때문에…

하루면 지나갈 수 있는 길이 8년이 걸렸어요.

지중해

1967년 6월 6일 화물선 15척이
이집트의 **수에즈 운하**로 들어섰어요.
수에즈만에서 지중해로 건너가려는 것이었지요.

바로 전날, 수에즈 운하가 위치한 이집트와
이웃 나라 이스라엘 사이에 전쟁이 일어났어요.

이집트는 적군이 침입하지 못하도록
운하 양쪽을 막았어요.

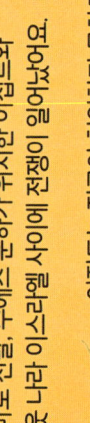

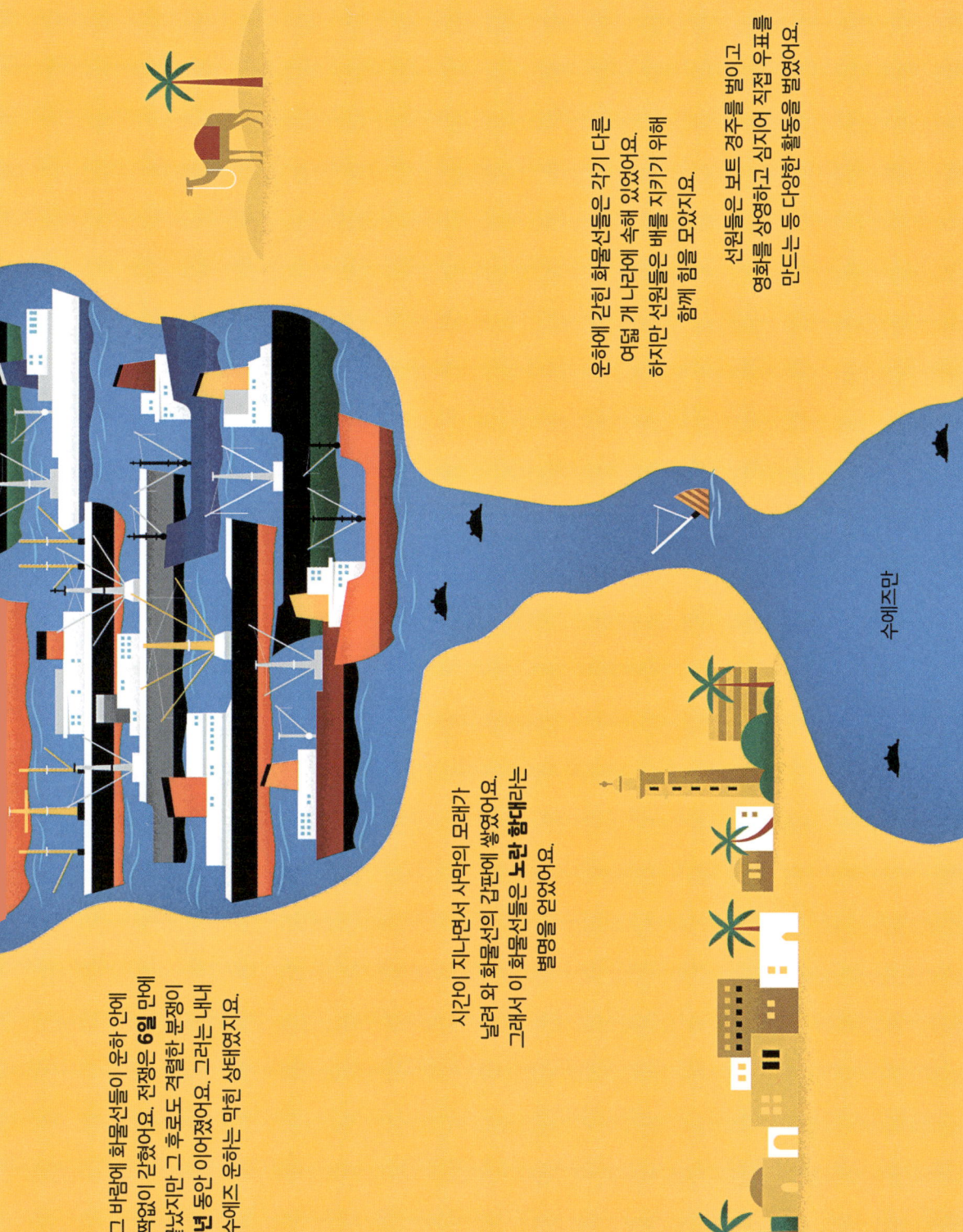

50   한밤중에 깨어나 간식을 먹는 것은…

많은 사람의 습관이었어요.

중세 유럽에서 쓰인 책에는 종종 '첫 번째 잠'과 '두 번째 잠'이라는 표현이 나와요.
이것을 보고 역사가들은 당시 사람들이 밤마다 두 번씩 잠자리에 들었다고 생각해요.

첫 번째 잠과 두 번째 잠 사이에 사람들은
간식을 먹거나 대화를 나누거나 기도를 올렸어요.
글을 읽을 줄 아는 사람들은 책을 보기도 했어요.

"첫 번째 잠에서 깨면 따뜻한 차를 마셔요.
그리고 두 번째 잠에서 깨면
당신의 슬픔은 갈증이 풀릴 거예요."

「포르팅게일의 로빈」이라는
영국 시의 일부분이에요.

기독교와 이슬람교의 기도서들에는
한밤중에 깨어 있는 시간 동안 읽어야 하는
기도문들이 자세히 적혀 있어요.

18세기 무렵, 책에서 첫 번째 잠과
두 번째 잠이라는 표현이 거의 사라졌어요.
오늘날의 사람들은 대부분 한 번에 길게 잠을 자요.

51 무인 잠수정은…

훌륭한 고고학자예요.

깊은 바다 밑바닥에는 산소가 거의 없고 사람이 잠수해서 가기에는 너무 위험한 **산소극소대역**이 있어요. 그곳에서는 무척 잘 보존된 고대 유물이 발견되기도 해요. 산소극소대역을 탐사할 때는 사람 대신 무인 잠수정을 내려 보내요.

유럽과 아시아의 경계에 있는 **흑해**에는 150미터 깊이에 넓은 산소극소대역이 있어요.

흑해에서도 깊지 않은 해안은 수중고고학자가 직접 조사할 수 있어요. 하지만 산소극소대역은 **무인 잠수정**을 이용해야 해요.

일반적인 바다에서는 나무와 밧줄, 심지어 금속까지 썩거나 부식돼요. 그래서 바다에 잠겨 있는 배는 심하게 손상되고 말아요.

반면, 흑해 속의 산소극소대역에는 1,500년 전의 배가 잘 보존되어 있어요. 무인 잠수정이 사진을 찍었는데 나무 선체 위의 밧줄이며 긁힌 자국까지 온전한 상태라는 것을 확인할 수 있었어요.

52 끈기만 해도 세상을 바꿀 수 있어요...

많은 사람이 함께한다면 말이에요.

지난 100년 동안 세계 여러 나라에서 사람들은 병을 바꾸기도 하고 왕을 끌어내리기도 하고 정부를 뒤엎기도 했어요. 그 변화를 이룬 방법은 단지 함께 모여 행진하는 것이었어요.

> 나라의 주인은 국민이다!

여성의 날 파업
1917년 3월 8일
러시아 상트페테르부르크

20만 명의 사람이 파업에 참여했었을 벌였어요. 전쟁을 반대하고 혁명을 지지하기 위해서였어요.

며칠 지나지 않아 러시아군까지 파업에 참여했어요. 결국 니콜라이 2세는 자리에서 물러났어요.

소금 행진
1930년 3월~4월
영국의 식민지인 인도 단디

3만~6만 명이 아마다바드에서 단디까지 걸어가 소금을 채취했어요. 영국은 인도 사람들이 소금 채취를 금지하고 있었지요.

수천 명이 체포되었어요. 하지만 이 행진으로 인도의 독립 운동이 세계적으로 지지를 받았어요.

워싱턴 행진
1963년 8월 28일
미국 워싱턴 D.C.

20만 명이 넘는 사람이 흑인의 일자리와 권리, 그중에서도 특히 투표할 권리를 요구했어요.

그 후 2년이 지나지 않아 미국은 흑인의 권리를 향상시키기 위한 법을 새로 만들었어요.

카라카스 행진
2002년 4월 12일~13일
베네수엘라 카라카스

4월 11일 베네수엘라의 육군 장군들이 우고 차베스 대통령을 납치했어요. 대통령 자리에서 물러나게 하려는 목적이었어요. 그러자 50만 명이 넘는 사람이 행진하며 대통령을 풀어 주라고 요구했어요.

장군들은 항복했고 우고 차베스 대통령은 자기 자리로 무사히 돌아왔어요.

반전 시위
2003년 2월 15일
30여 개 나라

미국이 이라크를 침공하고 다른 여러 나라도 이라크에 군대를 보내기로 하자 전 세계에서 3,000만 명이 넘는 사람이 항의 시위를 했어요.

이 시위도 전쟁을 막지는 못했지만 전쟁의 부당함을 널리 알렸어요.

53 사무라이는 전쟁이 없을 때도…

전투복을 입곤 했어요.

17세기 초, 도쿠가와 이에야스가 혼란스럽던 일본을 통일했어요. 그 뒤로 약 200년 동안 일본에는 평화로운 시기가 계속되었어요. '사무라이'라 불리던 군인들은 싸울 일이 통 없었지요. 그래도 사무라이는 종종 격식에 맞추어 전투복을 차려입었고 이 관습은 한동안 계속되었어요.

사무라이의 전투복은 착용해야 하는 것이 옷이며 신발이며 무기며 모두 30가지도 넘었어요.

일본 전체 남성의 10퍼센트 정도가 사무라이 가문에서 태어났어요.
사무라이는 1863년 완전히 해체되었어요.

54 군대가 숨어 있었어요…

무덤 속에서 2,000년도 넘게 말이에요.

1974년 중국에서 농부들이 우물을 파다가 고대의 무덤을 발견했어요. 무덤 안에는 흙을 빚어 만든 병사 모형이 약 8,000점이나 있었고 궁중 광대 모형이 수백 점 있었어요. 이 모형들이 있는 무덤의 주인은 기원전 3세기에 중국을 처음으로 통일한 진시황이었어요.

어린 나이에 왕이 된 진시황은 10대 때부터 자신의 묘를 짓게 했어요.

전해 오는 이야기에 따르면, 진시황은 살아 있을 때와 마찬가지로 죽은 후에도 병사들의 호위를 받으며 곁에는 궁중 광대를 두기를 바랐다고 해요.

이 모형들은 실제 사람 크기인 데다 표정이 제각각 달라요. 원래는 색깔이 칠해져 있었어요.

진시황의 무덤은 그 위치가 기록에 남아 있지 않았어요. 그래서 1974년 무덤이 발견되기 전까지 의문으로 남아 있었지요.

진시황의 시신이 놓여 있는 곳으로 짐작되는 자리는 잘 보존하기 위해 아직 발굴하지 않고 있어요.

55 새똥을 두고 전쟁이 일어났어요…

아주 특별한 새똥이었거든요.

19세기에 세계 최고의 비료는 바로 **구아노**였어요. 구아노는 바닷새의 똥이 말라서 굳어서 덩어리예요. 사람이 드문 해안이나 멀리 떨어져 있는 섬에서 채취했는데 대표적인 곳이 페루의 친차섬이었어요. 구아노는 그 양이 많지 않았기 때문에 무척 비쌌어요. 그러다 보니 전쟁까지 벌어졌지요.

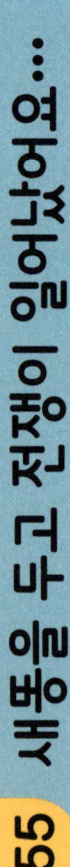

19세기 초, 남아메리카 대부분은 스페인의 식민지였어요. 1826년 페루가 독립 전쟁에서 이겼지만 스페인은 인정하려 하지 않았어요. 이 문제로 두 나라 사이에 갈등이 생겼지요.

바위를 덮고 있는 하얀 것이 모두 구아노예요.

우리는 페루 사람이에요. 여기 와서 구아노를 가져가지요. 이렇게 버는 돈이 페루 수입의 70퍼센트를 차지해요.

나는 가마우지예요. 나와 친구들은 구아노를 이렇게 많이 만들어요.

새의 몸에서 막 나오는 구아노는 물컹물컹해요!

56 세계에서 가장 높은 목탑에는…

나라를 위하는 마음이 담겨 있었어요.

660년대 신라에 있던 **황룡사**라는 절에 9층 목탑이 지어졌어요.
이 목탑은 나무로 만든 건축물로는 당시 세계에서 가장 높았어요.
또한 이집트 쿠푸 왕의 피라미드를 제외하고는, 당시 세계에서 가장 높은 건축물이기도 했어요.

632년 왕의 자리에 오른 선덕 여왕은 신라 최초의 여왕이었어요.

황룡사 9층 목탑은 643년 선덕 여왕의 명령으로 지어지기 시작해 645년 완공되었어요.

황룡사 9층 목탑의 각 층은 신라 주변의 여러 나라를 의미했어요.

신라 주변의 나라들

9. 예맥 ☐
8. 여적 ☐
7. 거란 ☐
6. 말갈 ☐
5. 응유 ☐
4. 탁라 ☐
3. 오월 ☐
2. 중화 ☑
1. 일본 ☐

내가 다스리는 신라가 이 나라들보다 더 강한 나라가 되었으면 하는 마음을 담아 9층 목탑을 지었어요.

이 중 예맥은 고구려, 응유는 백제, 탁라는 제주도를 뜻해요.
선덕 여왕이 세상을 떠난 지 약 30년 후인 676년 신라는 한반도를 통일했어요.
황룡사는 13세기 고려 시대 때 몽골의 침략으로 불타 없어졌어요.
9층 목탑이 있던 자리에는 오늘날 주춧돌만 남아 있어요.

57 앵무새의 알을 받으면…

황제는 자리에서 물러나야 했어요.

오늘날 나이지리아가 있는 곳에 17세기부터 18세기까지 오요 제국이 있었어요. 오요 제국의 황제는 **알라핀**이라 불렸어요. 알라핀은 막강한 권력을 가지고 있었어요. 하지만 때로 알라핀의 권력은 제한을 받기도 했어요. 앵무새의 알이 그 역할을 맡아 주었지요.

알라핀 – 신으로부터 권력을 받은 황제였어요.*

아레모 – 알라핀의 첫째 아들로, 역시 엄청난 권력을 가졌어요.†

오요 메시 – 일곱 명의 귀족으로 이루어진 모임으로, 알라핀을 뒷받침하고 조언하는 역할을 했어요.‡

오그보니 – 지혜와 종교적 권위를 가진 사람들로 이루어진 비밀 조직이었어요.§

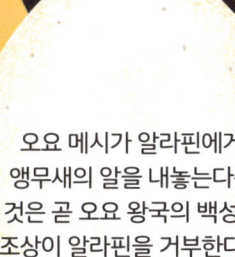

오요 메시가 알라핀에게 앵무새의 알을 내놓는다는 것은 곧 오요 왕국의 백성과 조상이 알라핀을 거부한다는 뜻이었어요. 그러면 알라핀은 스스로 목숨을 끊어야 했어요.

* 전통을 지키고 오요 메시의 지지를 받는 동안만 유지되는 권력이었어요.

† 절대 알라핀이 될 수 없었어요. 아버지가 죽으면 뒤따라 스스로 죽음을 택해야 했어요.

‡ 알라핀이 지도자로서 적합하지 않다고 여겨지면 자리에서 물러나게 할 수 있었어요. 또한 여러 왕족 중에서 새로운 알라핀을 뽑을 권한을 가졌어요.

§ 백성의 뜻과 전통에 따라 오요 메시의 결정을 취소시킬 수 있었어요.

58 아테네의 민주주의는…

완전히 민주적이지는 않았어요.

고대 그리스의 도시 국가 아테네는 약 2,500년 전 민주주의가 탄생한 곳으로 유명해요. 민주주의는 국민이 나라의 주인으로서 스스로 나라를 이끌어가는 것이지요. 하지만 아테네에서는 모든 사람이 민주주의에 참여한 것은 아니었어요.

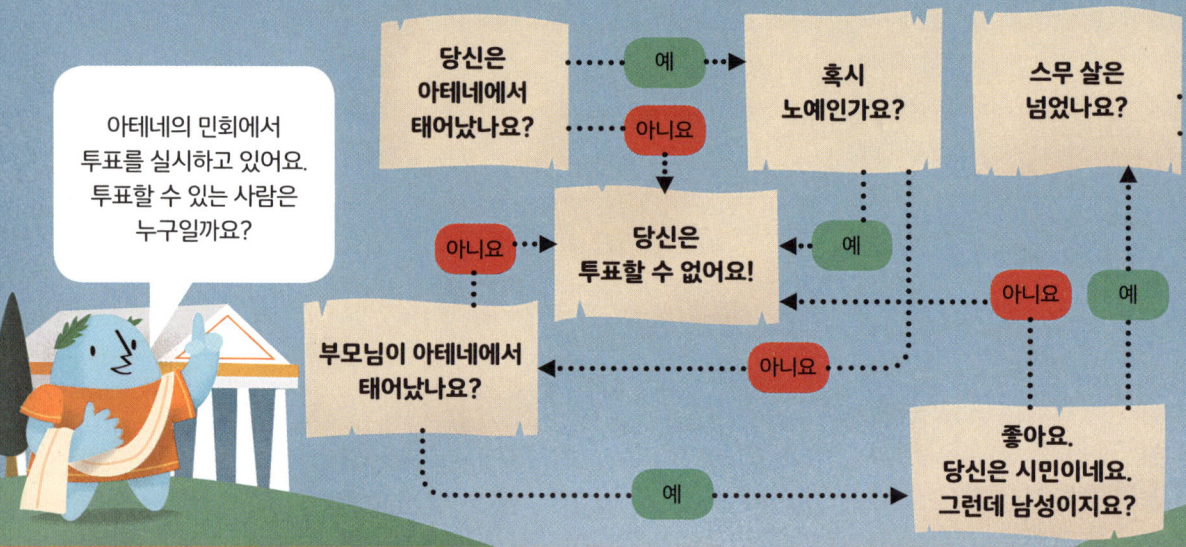

59 여성이 투표권을 얻은 시기는…

남성보다 수천 년이 늦었어요.

2,500여 년 전 고대 그리스의 아테네에서는 최초로 선거가 치러졌어요. 하지만 그리스 여성들은 1952년에야 선거에서 투표할 수 있었어요. 각 나라 여성이 투표권을 가지게 된 시기는 조금씩 달라요.

1893년 뉴질랜드
여성도 투표할 수 있게 된 최초의 나라예요. 1919년에는 여성도 선거에 후보로 나설 수 있게 되었어요.

1902년 호주
다만, 호주 원주민 여성은 1962년에야 투표할 수 있게 되었어요. 1921년 처음으로 여성이 선거에서 당선되었어요.

1906년 핀란드
유럽에서 최초로 여성도 투표할 수 있게 된 나라예요. 1907년 최초의 여성 국회의원이 뽑혔어요.

1917년 캐나다
다만, 캐나다 원주민 여성은 1960년에야 투표할 수 있게 되었어요.

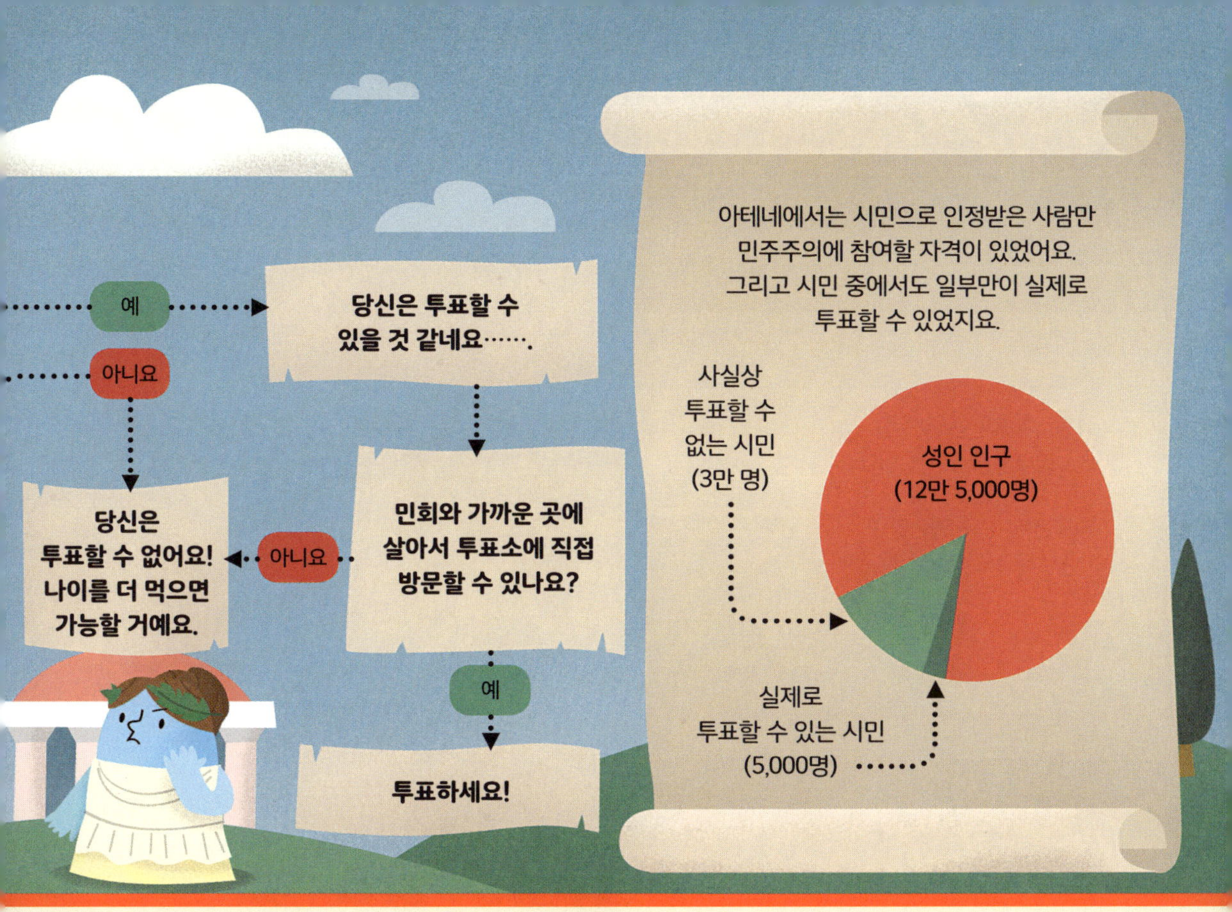

······· 예 ·······> 당신은 투표할 수 있을 것 같네요…….

아니요

당신은 투표할 수 없어요! 나이를 더 먹으면 가능할 거예요.

←·· 아니요 ·· 민회와 가까운 곳에 살아서 투표소에 직접 방문할 수 있나요?

예

투표하세요!

아테네에서는 시민으로 인정받은 사람만 민주주의에 참여할 자격이 있었어요. 그리고 시민 중에서도 일부만이 실제로 투표할 수 있었지요.

사실상 투표할 수 없는 시민 (3만 명)

성인 인구 (12만 5,000명)

실제로 투표할 수 있는 시민 (5,000명)

**1920년
미국**
다만, 몇몇 지역에서 흑인 여성은 1965년에야 투표할 수 있게 되었어요.

**1929년
에콰도르**
남아메리카에서 처음으로 여성도 투표할 수 있게 된 나라예요.

**1930년
남아프리카**
다만, 흑인 여성은 1994년에야 투표할 수 있게 되었어요.

**1945년
세네갈, 토고**
아프리카에서 처음으로 모든 인종의 여성이 동등하게 투표할 수 있게 된 나라예요.

**2015년
사우디아라비아**
여성이 투표도 하고 선거에 후보로 나설 수도 있게 되었어요. 하지만 여성 후보는 칸막이 뒤에서 연설해야 해요.

60 고대 이집트 여성이 누린 권리가…

영국 빅토리아 시대의 여성보다 훨씬 더 많았어요.

고대 이집트
기원전 3100년부터 기원후 300년까지

영국
1882년까지

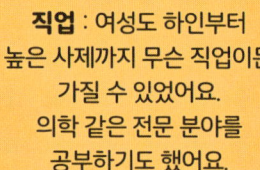

직업 : 여성도 하인부터 높은 사제까지 무슨 직업이든 가질 수 있었어요. 의학 같은 전문 분야를 공부하기도 했어요.

직업 : 많은 여성이 공장이나 농장에서 푼돈을 받으며 일했어요. 여성은 대학에서 공부하는 것도 성직자가 되는 것도 금지되었어요.

옷 : 가볍고 느슨하고 편안한 옷을 입었어요.

옷 : 꽉 조이는 코르셋 위에 무거운 옷을 입어서 움직이기 불편했어요.

결혼과 재산 : 자기 이름으로 재산을 소유했고, 이혼하거나 남편이 사망한 뒤에도 재산을 유지할 수 있었어요. 결혼한 여성은 남편이 죽은 뒤에 재산을 상속받았어요.

결혼과 재산 : 결혼한 여성은 남편에게 복종해야 했어요. 1882년 법이 바뀌기 전까지 결혼한 여성의 재산은 모두 남편의 것이 되었어요. 남편이 죽으면 아내는 재산을 상속받지 못해 가난해졌어요.

이혼 : 아내와 남편 중 어느 쪽이든 상대방에게 이혼을 요구할 수 있었어요. 자녀를 키울 권리는 대개 여성이 가졌어요.

이혼 : 의회의 허가를 받아야 했는데, 부유한 남성만이 감당할 수 있을 만큼 돈이 많이 들었어요. 이혼한 여성은 자녀를 키울 권리를 박탈당했어요.

고대 이집트에서도 빅토리아 시대의 영국에서도 여성이 왕이 될 수 있었어요.

61 브라질 국민 중에는 흑인의 수가…

나이지리아를 제외한 그 어떤 아프리카 국가보다도 많아요.

15세기부터 19세기까지 아프리카에서는 1,000만 명이 넘는 사람이 노예가 되었어요. 주로 서아프리카 사람들이 배에 실려 대서양을 건너 아메리카로 끌려갔지요. 그중 400만 명은 브라질로 갔어요. 오늘날 브라질 국민 2억 명 중 1억 명이 그 후손이에요.

아프리카 사람들은 유럽의 식민지인 아메리카로 끌려가 농장과 광산에서 일했어요.

아메리카에서 생산된 설탕, 커피, 목화, 담배, 은 등은 배를 통해 유럽으로 옮겨져 유럽 곳곳에서 팔렸어요.

유럽의 주요 나라들과 각 나라의 아메리카 식민지들(1750년 기준)
- 영국
- 포르투갈
- 스페인
- 네덜란드
- 프랑스
- → 노예가 팔려 간 경로

1888년 브라질은 아메리카에 있는 나라들 중 가장 늦게 노예 제도를 법으로 금지했어요.

대서양을 건너는 이러한 노예 무역으로 유럽의 여러 나라와 회사가 막대한 부를 쌓았고 많은 유럽 도시가 갈수록 번창했어요.

62 폴리네시아에 온 카누 한 척에는…

살아가는 데 필요한 모든 것이 실려 있었어요.

태평양 중부와 남부에는 1,000개가 넘는 섬이 넓게 퍼져 있어요. 이 섬들을 폴리네시아라고 해요. 하와이, 뉴질랜드, 이스터섬도 모두 폴리네시아에 속해요. 약 3,500년 전부터 수백 년에 걸쳐 사람들이 하나둘 카누를 타고 와서 이곳에 정착했어요.

폴리네시아에 무엇이 있는지 전혀 알 수 없던 터라 사람들은 카누에 가축과 식물을 잔뜩 실었어요. 특히 자신들이 평소 자주 이용하던 여러 식물의 뿌리와 씨앗을 챙겨 갔지요.

사람들은 카누를 타고 수천 킬로미터를 항해했어요. 이 카누는 길이가 18미터에 두 개의 나무 선체가 나란히 붙어 있는 모양이었어요.

카누에 싣고 간 식물들과 그 쓰임새

1. **사탕수수** – 약, 감미료
2. **코코야자** – 음식, 물, 밧줄, 돛, 건축 재료, 그릇
3. **바나나** – 음식, 건축 재료
4. **토란** – 가장 주된 음식
5. **참마** – 음식
6. **대나무** – 도구, 악기, 건축 재료, 그릇

어느 섬에 도착하든, 카누에 싣고 간 식물을 잘 키우기만 하면 살아가는 데 필요한 것을 다 얻을 수 있었어요.

음식과 약은 물론이고, 밧줄과 지붕, 피리와 북, 그리고 새로운 카누까지 이 식물들을 가지고 만들 수 있었지요.

7. 고구마 - 음식
8. 빵나무 - 음식, 약, 껌, 건축 재료, 옷, 풀
9. 생강 - 음식, 약, 샴푸
10. 강황 - 향신료, 약, 염료
11. 애로루트 - 음식
12. 호리병박 - 그릇, 악기
13. 쿠쿠이나무 - 램프 기름, 양초, 약, 음식, 염료, 카누 재료

63 하늘 높이 요새 같은 왕궁을 지었지만…

스리랑카의 왕은 결국 목숨을 잃었어요.

카사파 1세는 아버지를 죽이고 477년 스리랑카의 왕이 되었어요.
하지만 원래 왕위를 물려받기로 되어 있었던 동생 모갈리아나가 공격해 올까 봐 두려웠어요.
그래서 카사파 1세는 가장 안전하다고 생각되는 곳에 왕궁을 지었어요.

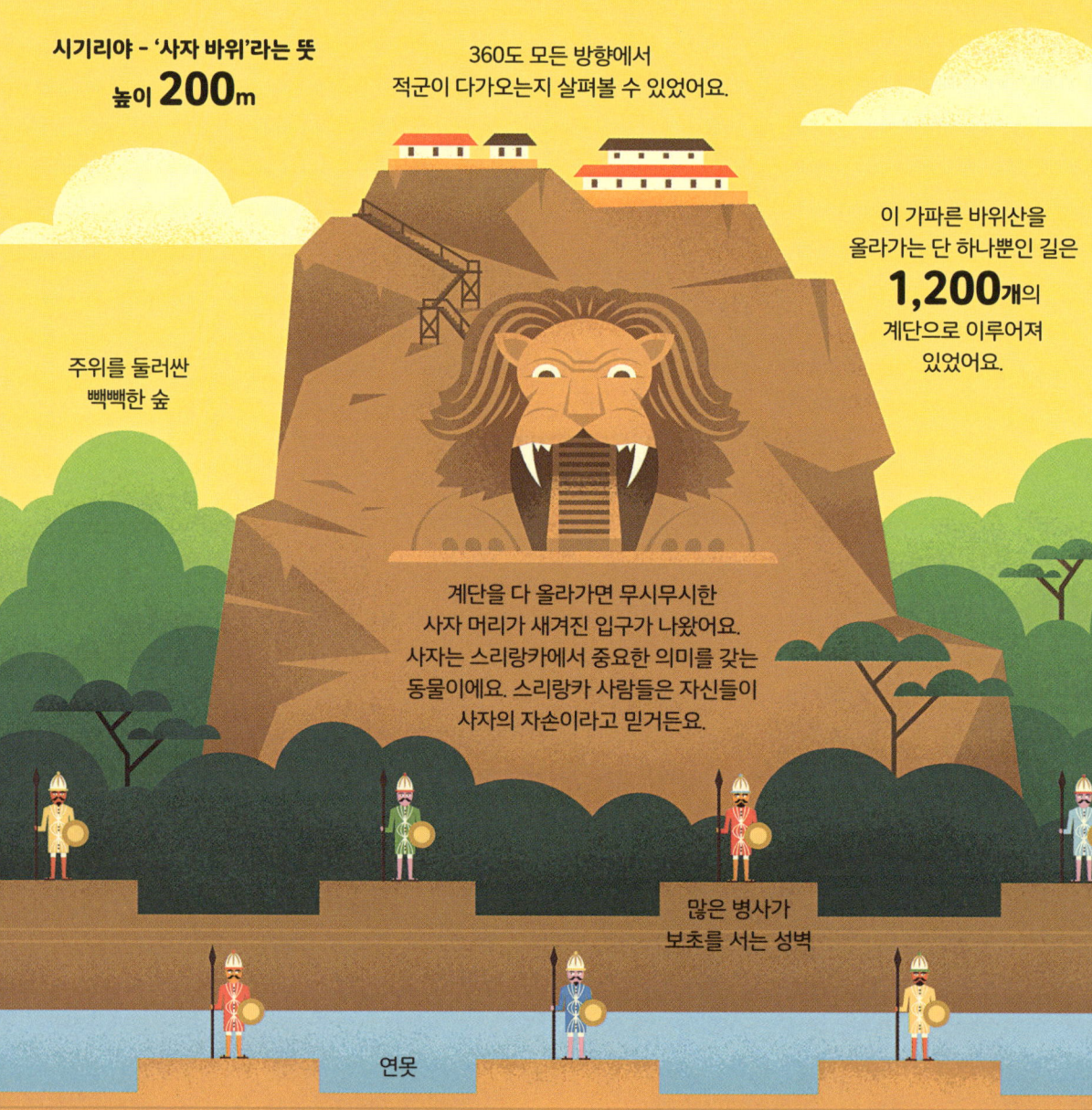

시기리야 - '사자 바위'라는 뜻
높이 **200**m

360도 모든 방향에서 적군이 다가오는지 살펴볼 수 있었어요.

이 가파른 바위산을 올라가는 단 하나뿐인 길은 **1,200**개의 계단으로 이루어져 있었어요.

주위를 둘러싼 빽빽한 숲

계단을 다 올라가면 무시무시한 사자 머리가 새겨진 입구가 나왔어요. 사자는 스리랑카에서 중요한 의미를 갖는 동물이에요. 스리랑카 사람들은 자신들이 사자의 자손이라고 믿거든요.

많은 병사가 보초를 서는 성벽

연못

18년 뒤 카사파 1세의 군대가 왕을 배신했어요. 카사파 1세는 스스로 목숨을 끊었고 동생 모갈리아나가 왕이 되었지요.

모갈리아나는 바위산에 지은 왕궁을 버려 두었어요. 왕궁은 14세기까지 불교 사원으로 쓰였어요.

64 수도사가 비밀을 빼돌렸어요…

그 비밀은 중국의 비단 만드는 기술이었어요.

6세기만 해도 비단은 굉장히 값비싼 사치스러운 옷감이었어요. 당시 비단은 중국에서만 만들 수 있었어요. 비결은 누에나방의 애벌레인 누에를 뽕잎을 먹여 키우는 것이었지요. 그러면 누에가 자라면서 누에고치를 짓는데 여기서 가늘고 긴 실을 뽑아 베틀에 걸고 옷감을 짰어요. 중국은 이 방법을 철저히 비밀에 부쳤어요.

비잔틴 제국의 유스티니아누스 1세는 비단을 만드는 법이 너무도 알고 싶어 553년 수도사 두 명을 중국으로 보냈어요.

두 수도사는 누에나방의 알과 뽕나무 씨앗을 훔쳤어요. 그리고 속이 빈 대나무 지팡이에 넣어 유럽으로 몰래 가져갔어요.

유스티니아누스 1세는 몇몇 도시에 비단 공장을 세웠어요. 여기서 생산된 비단을 유럽에 팔아 비잔틴 제국은 점점 부유해졌어요.

두 수도사는 누에를 이용해 비단을 만들어 내는 방법을 유스티니아누스 1세에게 보고했어요.

65 유럽의 인구가…

2,000년 동안 적어도 절반은 줄어들었어요.

강한 **전염병**은 삽시간에 대륙 전체로 퍼지기도 해요. 유럽 전체를 대대적으로 휩쓴 대표적인 전염병으로 유스티니아누스 병과 흑사병을 꼽을 수 있어요. 이 두 전염병 때문에 유럽 인구의 절반이 목숨을 잃었어요.

1 541년~546년 유스티니아누스 병

전염병이 북아프리카에서 시작해 중동을 지나 유럽까지 퍼졌어요. 당시 비잔틴 제국 황제의 이름을 따서 '유스티니아누스 병'이라 불렸어요.

2 1346년~1353년 흑사병

이번에는 흑사병이 기승을 부렸어요. 흑사병은 아시아에서 시작해 유럽에서 북아프리카까지 더욱 넓게 퍼졌어요.

유스티니아누스 병으로 도시 인구의 절반과 시골 인구의 3분의 1이 죽었어요.

유스티니아누스 병은 750년까지 수십 년마다 반복해서 발생했어요.

정확한 수치는 알 수 없지만 대략 2억 명 이상이 흑사병으로 죽었어요.

약 500년 후 일부 지역에 흑사병이 또다시 퍼졌어요. 하지만 예전보다는 피해가 덜했어요.

기원후 1년의 **세계 인구**는 1억 7,000명으로 짐작돼요.

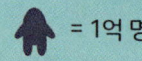 = 1억 명

1년　　200년　　400년　　600년　　800년

66 지난 한 세기 동안 세계 인구는…

무려 4배 늘어났어요.

역사가들에 따르면 한 세기 전만 해도 세계 인구는 약 **18억 명**이었다고 해요. 그런데 2018년에는 세계 인구가 **74억 명**을 넘었어요.

2050년에는 세계 인구가 100억 명이 될 것으로 예상돼요.

더 건강하고 튼튼한 몸

인구가 갑자기 늘어난 데는 여러 가지 원인이 있어요.

- 의학이 발달했어요.
- 청결한 생활의 중요성을 깨달았어요.
- 더 좋은 음식을 먹게 되었어요.

성인이 될 때까지 살아남는 사람이 많아질수록 아이를 낳을 수 있는 사람도 많아지는 법이지요. 그래서 인구가 순식간에 늘어나게 된 거예요.

출생률의 증가

미국에서는 아이를 낳다 죽는 여성의 수가 1900년에서 1975년까지 99퍼센트 줄었어요.

태어난 첫해에 죽는 아기의 수는 같은 기간 동안 90퍼센트 넘게 줄었어요.

2001년 무렵까지 전 세계 대부분의 나라에서 이와 비슷해졌어요.

1000년　1200년　1400년　1600년　1800년　2000년

67 고대 이집트의 여왕이…

역사에서 완전히 잊힐 뻔했어요.

이집트 역사상 몇 안 되는 여왕 중 한 명인 하트셉수트는 약 3,500년 전 이집트를 다스렸어요. 그 이름은 '가장 고귀한 여성'이라는 뜻이에요. 하트셉수트는 무역을 확대하고 거대한 건축물을 짓는 등 여러 업적을 남겼어요. 그런데 오랫동안 역사가들은 하트셉수트의 존재조차 거의 알지 못했어요.

하트셉수트의 양아들인 투트모세 3세는 나라를 다스리기에는 너무 어렸어요. 그래서 하트셉수트가 공동으로 왕이 되어 22년 동안 나라를 다스렸어요. 하트셉수트가 죽고 20년이 지난 뒤, 투트모세 3세는 자신의 업적을 내세우기 위해 하트셉수트의 건축물에서 그 흔적을 지우라고 명령했어요. 이런 방법이 동원되었지요.

벽에 새겨진 하트셉수트의 모습을 긁어내거나 깎아 내거나 문대기

하트셉수트의 모습 위에 벽돌을 덧붙이기

벽돌을 완전히 깨부수기

하트셉수트의 이름을 졸로 긋고 대신 투트모세 3세라고 적어 넣기

투트모세 3세가 ~~하트셉수트가~~ 이곳에 있었다.

3,000년이 지나서야 역사가들은 남아 있는 기록을 조각조각 맞추어 하트셉수트가 다스린 시대에 대해 알아내기 시작했어요.

68 해군 제독의 시신이…

술통에 담겨 있었어요.

1805년 영국의 해군 제독 호레이쇼 넬슨이 프랑스-스페인 연합 함대와 전투를 벌이던 도중에 전사했어요. 군의관은 넬슨의 시신을 술통에 담가 두었어요. 넬슨의 고향까지 가는 6주 동안 시신이 썩지 않도록 하기 위해서였어요.

병사들은 넬슨 제독을 잃은 슬픔과 적을 물리친 기쁨 사이에서 갈팡질팡했어요.

당시에는 해군이 전사하면 대개 바다에 수장했어요. 시신을 두꺼운 천으로 단단히 감싼 뒤 쇠사슬로 묶어 바닷속에 가라앉혔지요. 쇠사슬은 시신이 잘 가라앉게 하는 역할을 했어요.

영국은 넬슨의 시신이 누워 있는 관을 장례식 날까지 사흘 동안 런던에 두었어요. 10만 명이나 되는 사람이 줄을 서서 넬슨의 마지막 모습을 보았어요.

69 고대의 작가들은…

자신이 지은 이야기를 줄줄 외워야 했어요.

인류가 글자를 널리 사용하게 되기 전에 작가들은 이야기를 외워서 사람들에게 들려주었어요. 그리고 그 작가들이 가르친 이야기꾼들이 또 사람들에게 이야기를 반복해 들려주었지요. 이 이야기들은 글자로 기록되기 전에도 수백 년 동안 많은 사람의 입에서 입으로 전해졌어요.

이렇게 전해 내려온 이야기들 중 가장 유명한 것이 **신화**들이에요. 신화는 고대의 역사를 담고 있어요. 정확한 '사실'은 아니지만 고대 사람들이 세상을 어떤 관점으로 보았는지를 알려 주거든요. 신화는 기억하기 쉽도록 반복되는 리듬을 가진 시나 노래로 만들어져 불리곤 했어요.

마하바라타 (인도) — 세상에서 가장 고귀한 존재 나라야나 그리고 나라께, 또한 사라스바티 여신께 깊이 머리 숙여 절을 올리나니, 이 승리의 이야기를 시작하게 하소서.
다 낭송하는 데 **25시간**이 걸려요.

일리아드 (고대 그리스) — 노래하소서, 여신이여, 아킬레우스 펠레우스의 아들의 분노를, 그리스 사람들에게 헤아릴 수 없는 고통을 안기고, 셀 수 없는 영웅의 혼을 하데스에게 내던진,
다 낭송하는 데 **5시간**이 걸려요.

베어울프 (북유럽) — 옛날 옛적 데인족들은 누구인가? 우리 부족에서……
다 낭송하는 데 **3시간**이 걸려요.

길가메시 서사시 (메소포타미아) — 모든 것을 본……

유명한 이야기들의 첫 구절을 만나 봐요.

길가메시 서사시

약 3,000년 전에 지어졌어요.

우루크의 왕 길가메시는 백성들을 자꾸 괴롭혀요. 우루크 사람들은 참다 못해 신에게 호소해요. 신들은 길가메시를 혼쭐내려고 엔키두라는 야만인을 만들어 보내요. 그런데 길가메시와 엔키두는 친구가 되어…….

베어울프

약 1,500년 전에서 1,100년 전 사이에 지어졌어요.

영웅 베어울프는 괴물 그렌델을 물리치고 흐로드가르 왕의 백성을 구해요. 하지만 그렌델의 어미가 복수하려 하는데…….

2015년 이라크에서 2,000년 전의 점토판이 발견되었어요. 길가메시 서사시에서 사라지고 없었던 20줄이 적혀 있었지요.

마하바라타

약 2,900년 전에서 약 1,600년 전 사이에 지어졌어요.

쿠루족의 카우바라 형제들과 판다바 형제들은 서로가 하스티나푸라 지역의 왕이 되고 싶어 해요. 과연 쿠루쿠셰트라 전투에서 이들의 운명은 어떻게 결정될까요?

일리아드

약 2,800년 전에 지어졌어요.

트로이 전쟁 마지막 해, 그리스군은 아폴론 신을 모시는 사제의 딸을 포로로 잡아 가요. 그러고는 돌려보내기를 거부해요. 아폴론을 비롯한 여러 신은 화가 나서…….

시커멓고 잔인한…….

다 낭송하는 데 **350**시간이 걸려요. 한순간도 쉬지 않는다면 말이지요.

성은 사우티로, 마하르샤의 아들 우그라쉬라와스는…….

시간이 지나면서 이야기에 살이 붙거나 내용이 조금씩 바뀌었어요. 이야기를 처음 그대로 외워서 똑같이 반복하기란 아주 어려우니까요. 이 이야기들이 언제 처음 만들어졌는지는 정확히 알려져 있지 않아요.

70 골치 아픈 쓰레기가…

귀한 자료가 되기도 해요.

쓰레기는 어느 시대에나 크나큰 골칫거리였어요. 시간이 갈수록
갖가지 쓰레기가 어마어마하게 쌓이자, 사람들은 여러 방법을 생각해 냈어요.
쓰레기를 전문적으로 처리하는 새로운 직업까지 생겨났지요.

기원전 6600년 무렵
오늘날 터키가 있는
지역에서 최초로 마을에
쓰레기 구덩이를 팠어요.

기원전 2100년 무렵
이집트 헤라클레오폴리스에서
최초로 쓰레기를 수거했어요.

기원전 2000년 무렵
중국에서 최초로
청동을 재활용했어요.

1870년대
거대한 용광로에 쓰레기를 넣고
태우는 시설이 생겨났어요.
주변 마을은 연기와 재로 뒤덮였지요.

1875년
영국 런던에서 최초로
길거리에 쓰레기통을 설치했어요.

1938년
쓰레기를 압축하는 장치가
달린 쓰레기차가
등장했어요.

오늘날
쓰레기를 대부분 땅에 묻거나 태워서 처리해요.
4,000년 전과 똑같은 방식이지요. 미국에서는
포장재가 전체 쓰레기의 약 30퍼센트를 차지해요.

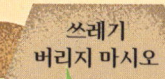

기원전 500년 무렵
그리스 아테네에서 최초로 쓰레기 처리에 관한 법을 만들었어요.

1035년 무렵
이집트 카이로의 향신료 시장에서 최초로 일회용 포장재를 사용했어요.

1200년 무렵
유럽에서 쓰레기를 한데 모아 버리기 시작했어요. 쓰레기와 전염병이 관련되어 있다는 사실을 알게 되었거든요.

19세기
미국의 대도시들에서는 돼지를 키워 쓰레기를 먹어 치우도록 했어요.

18세기
쓰레기통을 뒤져 개똥을 비롯한 온갖 더러운 쓰레기를 팔아 돈을 버는 사람들이 있었어요. 개똥은 가죽에서 불순물을 없애는 데 쓰였어요.

1400년대~1600년대
유럽의 부자들은 좋은 향이 나는 꽃잎이나 나뭇잎을 통에 넣어 지니고 다녔어요. 쓰레기 냄새를 맡지 않기 위해서였어요.

옛날 사람들이 버린 쓰레기가 오늘날의 고고학자들에게는 귀한 자료가 돼요. 쓰레기를 보면 당시 사람들의 생활을 알아낼 수 있거든요.

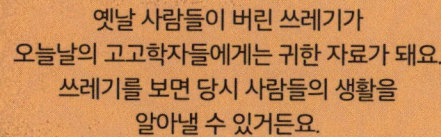

71 빨간색 바지 때문에…

1914년 프랑스 군인 수천 명이 죽었어요.

제1차 세계 대전이 막 시작된 1914년 8월이었어요. 프랑스군은 전통적인 군복을 입고 전쟁터로 향했어요. 재킷은 밝은 파란색이고 바지는 진한 빨간색이었어요. 그런데 당시 새로 개발된 소총과 대포는 예전보다 훨씬 더 먼 거리에 있는 목표물도 정확히 맞힐 수 있었어요. 즉, 프랑스군은 전쟁터에서 눈에 잘 띄는 표적이 된 것이었지요.

1914년의 프랑스 군인
- 천으로 만든 모자
- 밝은 파란색 재킷
- 진한 빨간색 바지

바지가 빨간색인 이유는?
프랑스 사람들도 빨간색 바지가 눈에 잘 띈다는 사실을 알고 있었어요. 하지만 빨간색은 애국심을 높여 주는 효과가 있었기 때문에 눈에 잘 안 띄는 군복으로 바꾸기를 싫어했어요.

수많은 군인이 죽은 뒤에야 프랑스군의 군복은 눈에 덜 띄는 칙칙한 파란색으로 바뀌었어요.

1918년의 프랑스 군인
- 철모
- 방독면
- 잿빛이 도는 파란색 재킷
- 잿빛이 도는 파란색 바지

군복만 바뀐 게 아니라……
기관총, 가스, 전투기, 탱크 등 새로운 무기가 나오면서 전투 방식도 확 바뀌었어요. 군사 장비와 전술 역시 완전히 달라졌지요.

72 전투기가 하늘에서 폭탄을 툭 쳐서…

땅으로 떨어뜨렸어요.

제2차 세계 대전 때 독일 공군은 영국의 도시들을 폭격하기 위해 'V-1'이라는 무인 비행 폭탄을 날려 보냈어요. 하지만 영국 공군은 이 폭탄을 제거하는 방법을 생각해 냈지요. 전투기 날개로 폭탄을 툭 치는 것으로, 위험하긴 해도 확실한 방법이었어요.

영국 공군은 날아오는 폭탄을 찾아내 없애는 임무를 맡았어요.

영군 전투기 스피트파이어

무인 비행 폭탄 V-1

목표 지점까지 15분

영국
목표 지점 : 런던

발사 지점

프랑스

조종사는 폭탄을 발견하면 전투기를 그 옆에 바짝 붙였어요.

전투기의 속도를 폭탄의 속도에 맞추었어요.

폭탄의 날개를 아래쪽에서 툭 쳤어요.

폭탄은 균형을 잃고 빙글빙글 돌다가 바다나 텅 빈 들판에 떨어졌어요.

총알을 쏘아서 떨어뜨리면 그 화염에 전투기도 휩싸일 위험이 있었어요. 그래서 전투기 조종사들은 폭탄의 날개를 치는 방법을 더 많이 이용했어요.

전투기의 활약에 포병대의 협력이 더해져 V-1은 명중률이 5분의 1에 불과했어요.

73 인간 사슬이…

세 나라에 걸쳐 이어졌어요.

1989년 200만 명이나 되는 사람들이 손에 손을 잡았어요. 에스토니아부터 라트비아를 거쳐 리투아니아까지 엄청나게 긴 인간 사슬이 만들어졌지요. 소련으로부터 독립하기를 원하는 세 나라의 국민들이 평화적으로 펼친 시위였어요.

에스토니아의 수도 탈린

리투아니아, 라트비아, 에스토니아는 1940년에 소련의 일부가 되었어요.

세 나라의 국민들은 15분 동안 손에 손을 맞잡았어요. 인간 사슬의 길이는 676킬로미터나 되었어요.

라트비아의 수도 리가

이 인간 사슬은 독립이라는 세 나라의 공통된 희망을 상징했어요.

시위를 벌인 지 약 일곱 달 후 리투아니아는 독립을 선언했어요. 에스토니아와 라트비아도 곧 뒤따라 독립했고요. 1991년 말 소련은 완전히 해체되어 다른 여러 나라도 독립했어요.

리투아니아의 수도 빌뉴스

74 매머드와 이집트 피라미드는…

같은 시기에 존재했어요.

기원전 2560년

지구상에 남은 마지막 매머드 무리가 북극에 있는 브랑겔섬에 살았어요. 오늘날 이 섬은 러시아 땅이에요.

인더스강 하류에 모헨조다로라는 도시가 번성했어요. 주민이 4만 명에 이르렀고 상하수도 시설이 발달했어요. 오늘날 이 지역은 파키스탄에 속해 있어요.

영국에 스톤헨지라는 돌기둥이 세워졌어요. 스톤헨지가 어떤 목적으로 만들어졌는지는 알려져 있지 않아요.

이집트에 거대한 피라미드가 완성되었어요. 이 피라미드는 쿠푸 왕의 무덤이었어요.

75 고대 로마에서 검투사의 종류는…

30가지가 넘었어요.

고대 로마에서 가장 인기 있는 볼거리는 검투사들의 결투였어요. 검투사들이 또 다른 검투사나 맹수와 벌이는 대결은 손에 땀을 쥐게 했어요. 다양한 방식의 결투가 개발되었는데 방식에 따라 검투사는 다른 이름으로 불렸고 무기와 옷차림도 달랐어요.

종류가 다른 검투사들끼리 대결하는 일은 많지 않았어요.

무르밀로네스
물고기 모양의 볏이 달린 투구를 썼어요. 무기는 커다란 방패와 검이었어요.

레티아리
삼지창, 단검, 그물을 가지고 싸웠어요. 종종 무르밀로네스와 싸웠어요.

글라디아트릭스
여자 검투사였어요. 무기는 방패와 검이고 투구는 쓰지 않았어요.

에세다리
전차를 끌고 창을 들었어요.

고대 로마에서 가장 큰 경기장은 콜로세움이었어요. 70년에 지어지기 시작해 약 10년 만에 완공되었지요. 5만 명의 관중이 앉을 수 있는 규모였고 경기장 아래에는 미로 같은 통로와 맹수가 있는 우리가 있었어요.

76 17세기 일본에서 농부는 상인보다…

신분이 더 높았어요.

시대와 나라에 따라 제각기 다른 신분 구조를 가졌어요.
일본의 경우, 에도 시대에는 상인이 가장 낮은 신분이었어요.
아무리 돈이 많은 상인이라도 찢어지게 가난한 농부보다 신분이 낮았지요.
하지만 반대로 상인이 농부보다 더 높은 신분 구조를 가진 나라도 있었어요.

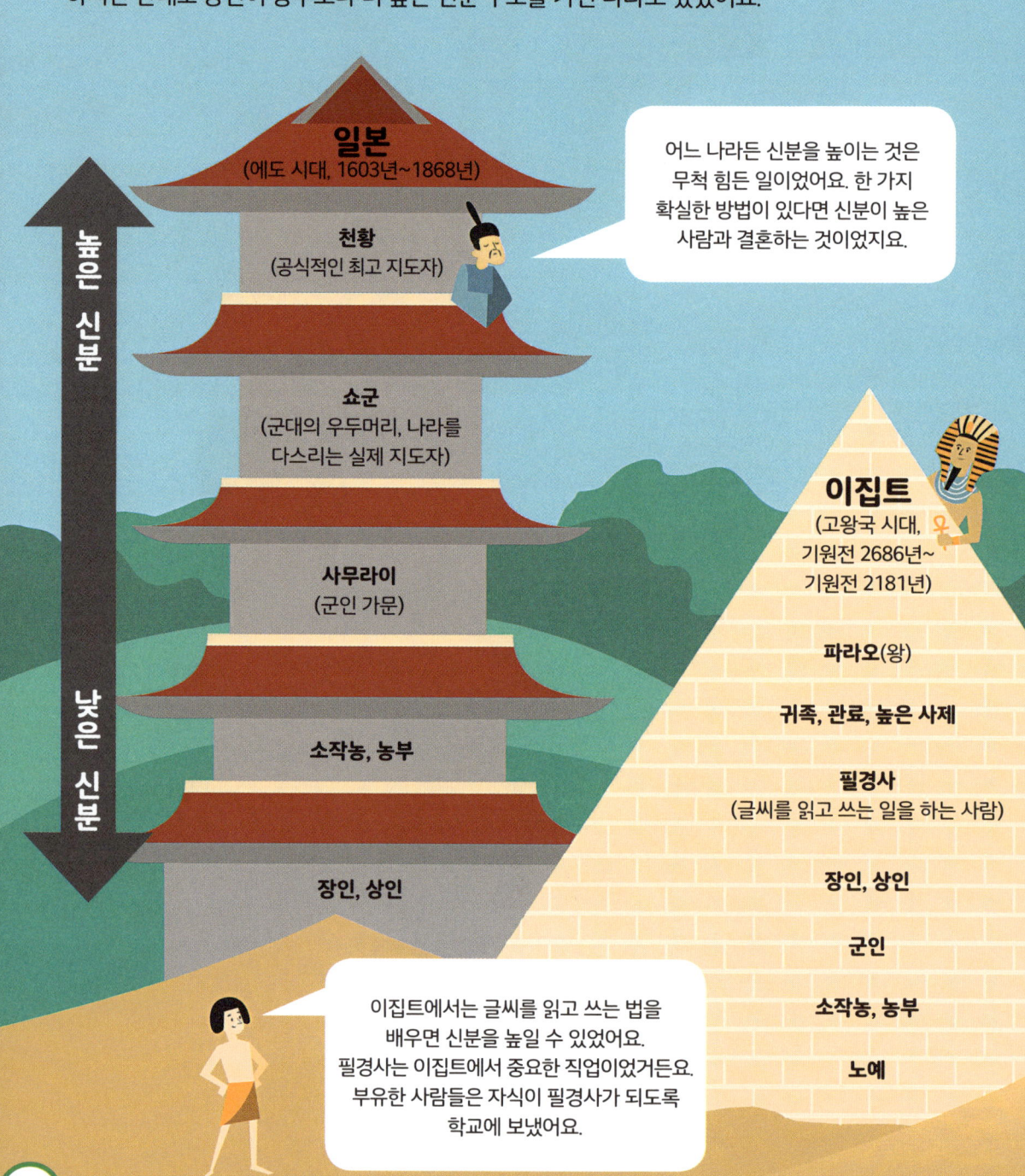

일본 (에도 시대, 1603년~1868년)
- 천황 (공식적인 최고 지도자)
- 쇼군 (군대의 우두머리, 나라를 다스리는 실제 지도자)
- 사무라이 (군인 가문)
- 소작농, 농부
- 장인, 상인

어느 나라든 신분을 높이는 것은 무척 힘든 일이었어요. 한 가지 확실한 방법이 있다면 신분이 높은 사람과 결혼하는 것이었지요.

이집트 (고왕국 시대, 기원전 2686년~기원전 2181년)
- 파라오(왕)
- 귀족, 관료, 높은 사제
- 필경사 (글씨를 읽고 쓰는 일을 하는 사람)
- 장인, 상인
- 군인
- 소작농, 농부
- 노예

이집트에서는 글씨를 읽고 쓰는 법을 배우면 신분을 높일 수 있었어요. 필경사는 이집트에서 중요한 직업이었거든요. 부유한 사람들은 자식이 필경사가 되도록 학교에 보냈어요.

77 아이들이 글을 읽으면…
범죄자가 될 수도 있었다는데, 정말일까요?

19세기 후반까지만 해도 학교에 다니는 아이는 많지 않았어요. 학교 교육이 의무가 아니었거든요. 그래도 영국과 미국에서는 많은 아이들이 글을 읽는 것을 즐겼어요. 아이들은 대부분 책을 살 형편이 못 되었기에 싸구려 잡지가 큰 인기를 끌었어요.

영국에서는 동전 1페니, 미국에서는 동전 1다임으로 값싸게 살 수 있다고 해서 이런 싸구려 잡지를 **'페니 드레드풀'** 또는 **'다임 노블'**이라 불렀어요.

싸구려 잡지들은 오싹한 범죄나 무서운 괴물이 나오는 이야기를 싣고 표지에 자극적인 그림을 넣었어요.

어른들은 이런 이야기가 아이들에게 해를 끼치겠다고 생각했어요.

어른들이 보는 유명한 신문들은 어린이들이 싸구려 잡지의 이야기를 읽고 모방 범죄를 저지른다고 주장했어요.

영국의 신문사 사장인 알프레드 함스워스는 '페니 드레드풀'보다는 덜 끔찍한 이야기를 실었다며 '이야기 신문'이라는 것을 만들어 반 페니에 팔았어요. 그는 이 신문으로 제법 많은 돈을 벌었어요.

이 돈을 가지고 함스워스는 《데일리메일》과 《데일리미러》라는 두 신문을 만들었어요. 두 신문 모두 싸구려 잡지가 어린이 범죄와 관련 있다는 기사를 실었어요.

데일리메일

당신의 아이가 법정에 서게 된다면? 싸구려 잡지를 금지하라!

알프레드 함스워스

아이들이 범죄자가 되어 법정에 서는 일이 거의 날마다 벌어지고 있다. 기괴한 이야기를 많이 읽은 아이들은 이야기 내용처럼 돈을 훔쳐 권총을 사고는 집을 나와 스스로 노상강도가 된다.

이런 악행들에 대해 페니 드레드풀에 책임을 물어야 한다. 페니 드레드풀은 어린 세대를 강도로 만들어 교도소를 꽉 채우는 데 단단히 한몫하고 있다.

하지만 범죄에 대한 이야기를 읽으면 실제로 범죄를 저지르게 된다는 것은 확실한 증거가 없는 막연한 생각일 뿐이에요.

78. 금을 캐는 사람들이 아니라 상점 주인이…

가장 먼저 백만장자가 되었어요.

1848년 어느 방앗간 주인이 미국 캘리포니아에 있는 강에서 금을 발견했어요. 곧 이 사실은 근처에서 상점을 운영하던 새뮤얼 브래넌의 귀에 들어갔어요. 새뮤얼 브래넌은 많은 사람에게 그 소식을 퍼뜨렸어요.

1년 만에 30만 명이 금을 캐기 위해 세계 곳곳에서 찾아왔어요. 이것을 **골드러시**라고 불러요. 금을 향해 몰려들었다는 뜻이에요.

금이 발견된 곳으로 가기 전에 사람들은 장비를 사러 상점에 들렀어요. 그중 브래넌의 상점이 가장 유명했어요.

샘 브래넌 상점
샌프란시스코

운이 좋은 사람들은 6년을 일해야 벌 수 있는 돈을 단 6개월 만에 벌었어요.

1853년까지 약 **370톤**의 금이 채굴되었어요.

브래넌은 자신이 직접 금을 찾지도, 땅을 파지도 않았지만 1849년에 백만장자가 되었어요.

브래넌의 고향 샌프란시스코는 불과 5년 만에 인구가 200명에서 3만 6,000명으로 불어났어요.

79 시녀가 왕비가 되었어요…

목숨을 잃은 다음에 말이지요.

유럽에서는 귀족의 딸만이 왕비의 시녀가 될 수 있었어요. 포르투갈의 페드루 왕자는 아내의 시녀인 이네스 데 카스트루와 사랑에 빠졌어요. 아내가 죽자 페드루 왕자는 이네스와 결혼하려 했어요. 하지만 페드루 왕자의 아버지 아폰수 4세는 결혼을 허락하지 않았고 도리어 이네스를 죽였어요.

페드루 왕자는 1357년 왕위에 오르자 무덤에서 이네스의 시신을 꺼내 왕관을 씌워 주었어요. 이네스를 향한 사랑의 표시였지요.

---

80 아니나 활재가 되었어요…

시신에 테러니도 전에 말이지요.

309년 샤푸르 2세는 아버지 호르미즈드 2세가 죽자 신들 사이 동이 되었어요. 오른쪽 이란이 있는 지역과 지금의 이라크까지 포르시야 제국을 이끌어 나가기 된 거예요. 그런데 전에 즉 이야기이 아니라 배 속에 있을 때 왕관을 물려받았다고 해요.

사푸르 2세는 이몸 시 몸이 있었고 눈도 뜨지 못한 상태였어요.

사푸르 2세는 이름이 사푸르이고 70살이라는 뜻을 내내 응응 부렀어요.

81 이슬람교 군인들도 기독교 군인들도…

스페인의 전사를 영웅으로 삼았어요.

로드리고 디아스 데 비바르는 스페인의 귀족이었어요. 오늘날 **엘시드**라는 이름으로 잘 알려져 있는데, 아랍어로 '군주'라는 뜻이에요. 엘시드는 스페인 북쪽에서 기독교 세력을 위해 싸웠어요. 그다음에는 스페인 동쪽에서 이슬람교 세력을 위해 싸웠어요.

11세기 스페인 땅의 대부분은 북아프리카 출신 이슬람교 세력의 지배를 받고 있었어요. 하지만 기독교 세력이 북쪽에서 힘을 키워 갔어요.

기독교 세력
사라고사
발렌시아
이슬람교 세력

로드리고는 이슬람교 세력에 맞서 싸워 스페인 왕 산초 2세에게 승리를 안겨 주었어요. 또 산초 2세의 동생 알폰소 6세와도 싸워 이겼어요.

산초 2세가 죽은 뒤 알폰소 6세는 로드리고를 추방했어요.

사라고사로 간 로드리고는 이슬람교 세력을 위해 싸우기 시작했어요. 그가 여러 번 승리를 거두자 이슬람교도들은 그를 영웅으로 대접하며 엘시드라 불렀어요.

아프리카에서 또 다른 이슬람교 세력이 쳐들어오자 알폰소 6세는 엘시드에게 다시 돌아와 싸워 달라고 설득했어요.

엘시드는 알폰소 6세를 위해 이슬람교 세력이 다스리던 여러 도시를 정복했어요. 엘시드는 그중 발렌시아에 기독교도들과 이슬람교도들을 데려와 함께 살게 했어요.

82 암살범이 우산으로…

영국 방송사의 저널리스트를 죽였어요.

불가리아 출신 저널리스트 게오르기 마르코프가 1978년 영국 런던의 워털루 다리에서 암살당했어요. 암살 무기는 우산이었어요.

마르코프는 다리에 날카로운 통증을 느꼈어요. 바로 옆에 웬 남자가 우산을 들고 서 있었지요. 우산이 다리를 찌른 것이었어요.

마르코프는 나흘 뒤 죽었어요. 의사는 마르코프의 다리에서 조그만 총알을 발견했는데 총알 안에는 리신이라는 독이 들어 있었어요.

마르코프는 영국 방송사의 저널리스트로 활동하며 그동안 불가리아 정부를 비판해 왔어요. 암살범은 불가리아 비밀경찰이 보낸 스파이로 짐작돼요.

이 암살은 **냉전**이 극에 달했던 시기에 벌어졌어요. 냉전은 1947년부터 1991년까지 **자본주의 국가**들과 **공산주의 국가**들 사이에 있었던 대립으로, 스파이를 동원한 총성 없는 전쟁이었어요.

냉전 시대의 대표적인 자본주의 국가들

대한민국, 일본, 서유럽과 북유럽에 있는 대부분의 국가들, 그리스, 터키, 캐나다, 미국

냉전 시대의 대표적인 공산주의 국가들

북한, 중국, 불가리아, 헝가리, 폴란드, 루마니아, 체코슬로바키아, 동독, 소련(러시아를 포함한 15개 국가가 모인 연방 국가)

83 역사상 가장 강력한 폭탄은…

희생자가 아무도 없었어요.

1961년 북극에서 소련의 군인들과 과학자들이 인류 역사상 가장 강력한 폭탄을 터뜨렸어요. **차르 봄바**라는 핵폭탄이었지요. 다행히 실험이라서 아무도 다치지 않았어요.

비행기가 목표 지점에
차르 봄바를 떨어뜨렸어요.

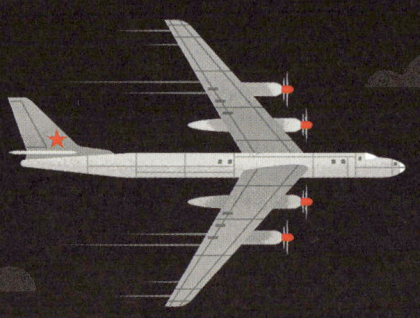

비행기 조종사들이 차르 봄바의
폭발에서 살아남을 확률은
50퍼센트뿐이었어요. 조종사들은
가까스로 무사히 돌아왔어요.

차르 봄바의 폭발 때문에
생겨난 충격파가 지표면을 따라
온 지구를 **세 바퀴 이상** 더 돌았어요.

차르 봄바의 위력은 엄청났어요.
900킬로미터 떨어진 노르웨이의
창문이 깨질 정도였어요.

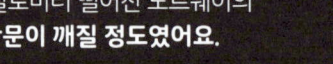

84 역사상 가장 강력한 폭탄을 만든 사람은…

노벨 평화상을 받았어요.

핵물리학자 안드레이 사하로프는 소련이 차르 봄바를 만드는 데 주도적인 역할을 했어요. 하지만 그는 핵폭탄의 엄청난 파괴력을 걱정했어요.

제2차 세계 대전 이후 냉전 속에서 세계는 경쟁적으로 핵 실험을 했어요. 사하로프는 핵 실험을 멈추자는 운동을 벌였어요.

1975년 사하로프는 노벨 평화상을 받았지요.

차르 봄바가 폭발하면?

차르 봄바의 폭발력은 제2차 세계 대전에서 터진 핵무기의 폭발력을 모두 합친 것보다 **10배** 강했어요.

폭발 지점에서 100킬로미터 이내 : 전부 불길에 휩싸여요.

폭발 지점에서 35킬로미터 이내 : 전부 파괴돼요.

85 유럽에서 열린 회의의 결과로…

아프리카가 조각조각 나뉘었어요.

19세기 후반, 몇몇 유럽 나라가 아프리카의 90퍼센트를 지배했어요. 이 나라들은 1884년 독일 베를린에서 회의를 열어 아프리카를 나눠 갖는 원칙을 정하고 식민 지배를 계속했어요. 실제로 그곳에 살고 있는 사람들에 대해서는 조금도 신경 쓰지 않았어요.

유럽의 지도자들은 식민지를 나누며 멋대로 국경선을 정해 버렸어요. 아프리카 지도에 선을 간단히 직직 긋기만 하면 되었어요.

아프리카에 있는 수많은 마을이 난데없이 생겨난 국경선으로 인해 졸지에 둘로 갈라졌어요. 이것은 오늘날까지도 아프리카에서 큰 문제로 남아 있어요.

에티오피아와 라이베리아만 독립국으로 남았고 그 밖의 지역은 회의에 참석한 나라들이 나누어 가졌어요.

당시 유럽 신문들은 이 과정이 마치 케이크를 조각내어 나누어 먹는 것 같다고 표현했어요.

86 비밀스러운 지하 철도에는…

기차도, 철로도, 터널도 없었어요.

1787년에서 1860년까지 미국 남부에서 많은 노예가 자유를 찾아 미국 북부나 캐나다로 도망쳤어요. 이들은 은신처가 있는 비밀스러운 길을 따라 이동했지요. 이 길은 **지하 철도**라 불렸어요.

노예들은 어둠을 틈타 들판과 강과 늪을 가로질러 도망쳤어요. 낮에는 숲이나 헛간, 안전한 집에 숨어 지냈어요.

노예였던 해리엇 터브먼은 무사히 도망친 뒤, 목숨을 걸고 다른 노예들의 도망을 여러 번 도와주었어요. 그녀가 도운 노예의 수는 70명이 넘었어요.

지하 철도 – 북쪽으로 가는 주요 경로

1850년 미국 어디서든 도망친 노예를 돕는 일은 불법이 되었어요. 그만큼 지하 철도를 따라 이동하는 것이 더욱 위험해졌지요.

캐나다 / 온타리오호 / 세인트캐서린스 / 버펄로 / 로체스터 / 시러큐스 / 올버니 / 이리호 / 미국 / 뉴욕 / 필라델피아 / 윌밍턴 / 캠던 / 벅타운 / 대서양

북부 – 노예제가 불법이었어요.
남부 – 노예제가 합법이었어요.

차표 가격 : 무료
운행 시간 : 해 질 무렵에서 새벽까지

지하 철도와 관련된 사람과 장소는 이런 별명으로 불렸어요. 비밀을 지키기 위해서였지요.

역
도망친 노예가 머물 수 있는 안전한 집이나 헛간

역장
안전한 집의 주인

차장
은신처들 사이의 안전한 길을 안내해 주는 인솔자

주주
음식이나 돈, 옷을 제공해 주는 사람

87 6살 여자아이가…

날마다 경찰과 함께 학교에 가야 했어요.

1960년 미국 루이지애나주에 새로운 법이 만들어졌어요. 입학시험을 통과한 흑인 아이들은 백인 아이들이 다니는 학교에 입학할 수 있게 되었지요. 이 법은 더 평등한 세상을 향한 중요한 걸음이었어요. 하지만 사람들의 태도는 금방 바뀌지 않았어요.

루이지애나주 뉴올리언스에 살던 6살 루비 브리지스는 집 근처 학교에 입학했어요. 이 학교에 흑인 학생은 루비뿐이었어요.

많은 백인이 분노했어요. 학교 밖에서 항의 시위가 벌어졌어요.

루비가 피해를 입지 않도록 무장 경찰이 루비의 등굣길을 호위해 주었어요.

첫째 날
루비는 한 무리의 인종주의자들이 보내는 고함과 야유 속에 등교했어요. 그런데 학교 안에는 루비밖에 없었어요. 학생도 교직원도 모두 집으로 가 버린 것이었어요.

둘째 날
루비를 가르치기 위해 보스턴에서 백인 선생님이 왔어요. 여전히 다른 학생은 아무도 등교하지 않았어요.

셋째 날
백인 학생 몇 명이 학교에 왔어요. 하지만 루비와 같은 교실을 쓰지는 않았어요. 루비는 1년 내내 교실에서 혼자 배웠고 점심도 혼자 먹었어요.

2학년
7살이 된 루비는 같은 학교에 계속 다녔어요. 마침내 경찰의 호위를 받지 않고도 등교할 수 있게 되었어요. 다른 흑인 학생 한 명과 백인 학생 몇 명도 루비와 같은 교실에서 공부했어요.

11살이 된 루비가 학교를 졸업할 때는 모든 교실에서 백인 학생과 흑인 학생이 함께 공부했어요.

88 황제가 역사를 다시 기록하고 싶어서…

역사책을 모조리 불태워 버렸어요.

기원전 221년 진시황은 수백 년에 걸친 혼란을 끝내고 중국을 통일했어요.
그런 다음 진시황이 가장 먼저 내린 명령 중 하나는 역사책을 모조리 불태우라는 것이었어요.
진시황은 새로운 역사책에 자신이 영웅으로 기록되게 했어요.

권력을 가진 자들이 이전의 역사나 문화를 지우기 위해 책과 예술, 건축물을 파괴하는 것은 시대와 장소를 막론하고 종종 벌어지는 일이에요.

언제 : 1193년
어디서 : 인도 날란다
무엇을 : 박티야르 킬지 장군이 도시의 대부분을 파괴했어요. 수많은 힌두교 문서와 불교 문서를 보관한 학교도 흔적 없이 사라졌지요.

언제 : 1427년
어디서 : 남아메리카
무엇을 : 아즈텍 제국의 황제 이츠코아틀이 자신이 정복한 곳의 역사 기록을 모두 없애라고 명령했어요.

언제 : 1562년
어디서 : 멕시코
무엇을 : 한 가톨릭 주교가 마야 문명의 기록을 모두 없애라고 명령했어요. 마야 제국 고유의 종교가 다시는 나타나지 않게 하기 위해서였어요.

언제 : 1814년
어디서 : 미국 워싱턴 D.C.
무엇을 : 영국군이 의회 도서관을 불태웠어요. 미국 역사, 철학, 문학 등 다양한 분야의 책 약 6,000권이 없어졌어요.

언제 : 1939년~1944년
어디서 : 폴란드 바르샤바
무엇을 : 독일군이 많은 도서관을 불태웠어요. 약 1,600만 권이나 되는 책도 함께 불탔어요.

89 짧은 통치 기간과 비참한 최후가…

비잔틴 제국의 황제들을 기다리고 있었어요.

비잔틴 제국의 황제가 된다는 것은 곧 혼란스럽고 폭력적이며 잔인한 환경으로 들어가는 것이었어요. 황제들의 통치 기간은 평균 11~12년에 불과했어요. 많은 황제가 반대편에 있는 경쟁자, 충성스럽지 못한 신하, 욕심 많은 친척에 의해 살해당하거나 자리에서 끌려 내려왔어요. 황제들이 어떤 최후를 맞았는지 비교해 봐요.

통치 도중에 사망한 황제들

병에 걸리거나 나이가 너무 많아 자연스럽게 죽음을 맞이한 경우

사고로 인해 죽은 경우

수상쩍은 상황에서 죽은 경우

살해당하거나 처형당한 경우

전쟁에서 입은 부상으로 죽은 경우

콘스탄스 2세는 목욕을 하다가 그에게 불만을 품은 시종이 휘두른 무거운 양동이에 맞아 죽었어요.

비잔틴 제국
로마 제국을 계승한 나라로, 4세기부터 15세기까지 지중해 동쪽 지역을 다스렸어요. 비잔틴 제국의 수도는 콘스탄티노플이었어요. 오늘날의 이스탄불이지요.

아래의 표에 한 번 이상 나오는 황제들도 있어요. **요안니스 5세 팔레올로고스**는 황제 자리에서 두 번 물러났어요. 각각 아들, 손자에 의해 물러나게 되었지요.

그는 두 번 모두 가까스로 황제 자리를 되찾았어요. 그리고 세 번째로 황제의 자리에 있다가 병을 얻어 죽었어요.

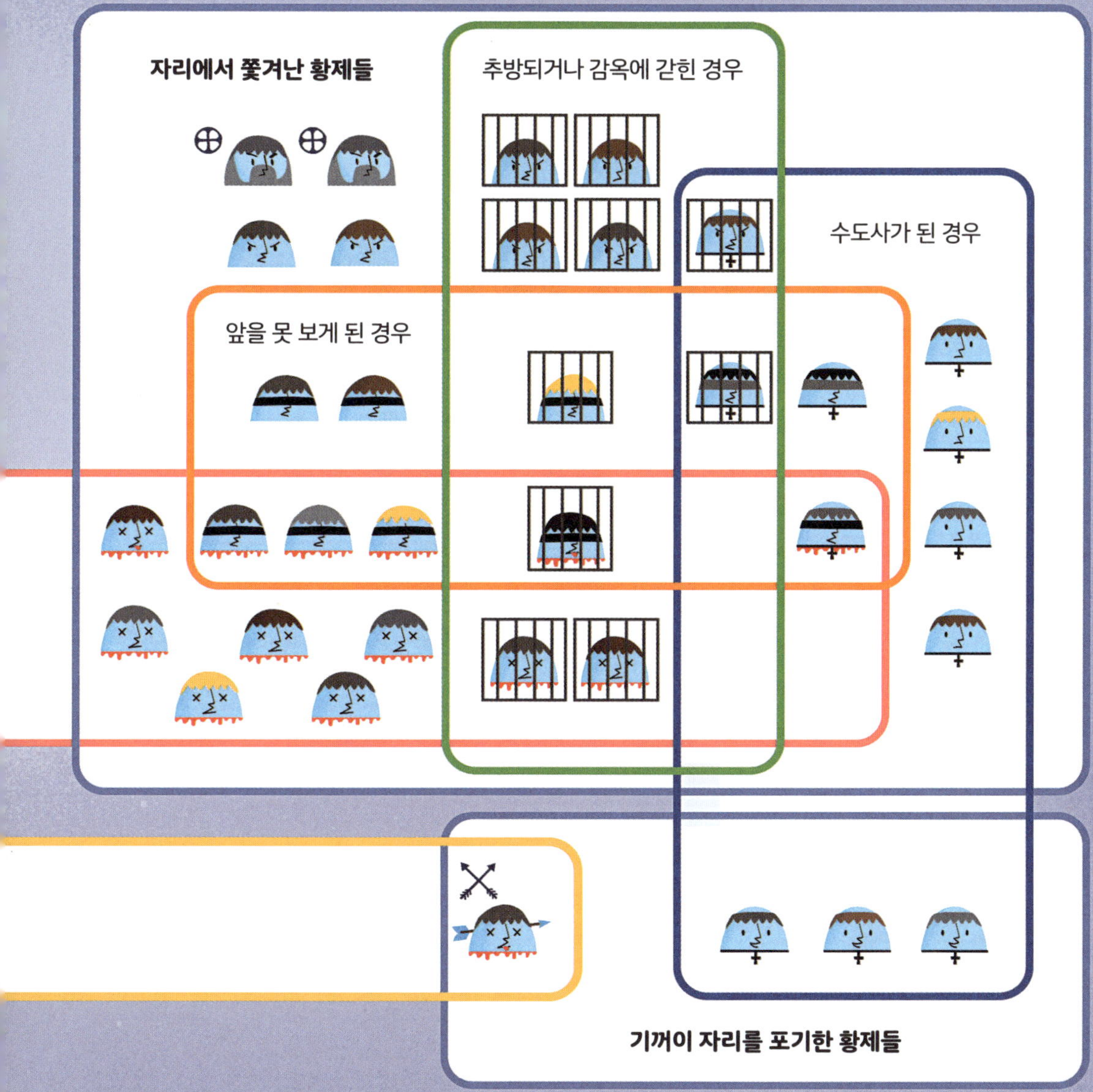

자리에서 쫓겨난 황제들

추방되거나 감옥에 갇힌 경우

앞을 못 보게 된 경우

수도사가 된 경우

기꺼이 자리를 포기한 황제들

스타우라키우스는 비잔틴 황제들 중 통치 기간이 가장 짧았어요. 황제 자리에 오르기 직전, 전쟁에 나갔다가 심하게 다친 것이 원인이었어요. 황제가 된 지 **69일** 만에 스스로 물러났고, 부상이 심해져 결국 몇 달 뒤 세상을 떠났어요.

105

90 유럽에서 속바지는…

여자들보다 남자들이 먼저 입었어요.

중세 유럽 사람들은 대부분 옷을 한 벌씩만 가졌어요. 그래서 리넨 속옷을 입어 겉옷을 깨끗하게 유지했어요. 리넨 속옷은 빨래하기가 겉옷보다 쉬웠거든요. 또한 여자들은 속옷을 위에만 입었어요. 속바지는 남자들의 전유물이었어요.

세탁기가 발명되기 전이라서 강물로 손빨래를 하고 불길에 옷을 말렸어요.

남자들은 '브레'라는 속바지를 입었어요.

여자들은 헐렁한 원피스를 입었는데 그 안에 속바지는 입지 않았어요.

91 13년 동안 포르투갈의 수도는…

브라질에 있었어요.

1807년 포르투갈 왕실은 수도인 리스본을 떠나 식민지인 브라질의 리우데자네이루로 향했어요. 프랑스군이 리스본을 침략하기 며칠 전에 도망친 것이었지요. 그 후 1808년에 리우데자네이루가 포르투갈의 새로운 수도로 공식 발표되었어요.

1만 명이 넘는 포르투갈 귀족이 금과 은, 가구와 그림, 공문서를 챙겨 36척의 배에 나누어 탔어요.

1811년 프랑스군이 물러났지만 포르투갈 왕실은 1821년에야 리스본으로 돌아갔어요. 폭동을 진압하기 위해서였어요.

16세기 무렵, 남자들은 브레 대신 '드로어즈'를 입기 시작했어요. 드로어즈는 무릎이나 발목까지 오는 속바지였어요.

18세기 후반, 유럽에서 가장 늦게 영국 여자들이 속바지를 입기 시작했어요.

여자들은 몸매를 돋보이게 하기 위해 허리를 꽉 조이는 '코르셋'이라는 속옷을 입기 시작했어요. 그리고 여자들도 드로어즈를 많이 입게 되었어요.

92 머리에 이가 생겨서…

브라질에 새로운 패션이 탄생했어요.

포르투갈에서 브라질로 가던 도중에 공주들은 머리에 이가 생겼어요. 그래서 공주들은 머리를 짧게 밀고 가발을 바다에 버려야 했어요. 대신 머리에 돼지기름을 바르고 살균 파우더를 뿌린 뒤 터번을 칭칭 둘렀어요.

공주들이 머리에 터번을 두른 채 배에서 내렸어요. 리우데자네이루 여자들은 터번이 유럽의 최신 유행이라고 생각하고 뒤따라 터번을 두르기 시작했어요.

와, 정말 멋진 머리 장식이다!

93 은행을 경영하는 가문에서…

교황 3명, 왕비 2명, 공작 8명이 나왔어요.

13세기 이탈리아 피렌체에서 메디치라는 작은 가문이 돈을 빌려주는 소규모 사업을 시작했어요. 사업이 번창하자 1397년 메디치 가문은 은행을 세웠어요. 엄청난 부를 쌓은 메디치 가문은 피렌체 전체를 지배하게 되었고 피렌체는 힘이 점점 커져 토스카나 대공국이 되었어요.

코시모 1세

나는 많은 전투에서 승리했고, 토스카나 대공국의 첫 지배자가 되었어요.

우리 아버지는 돈을 펑펑 썼고 나는 백성에게 세금을 왕창 걷었어요. 토스카나 대공국은 힘이 약해졌어요.

알레산드로
- 교황 레오 11세가 되었어요.

├ 페르디난도 1세
├ 코시모 2세
├ 페르디난도 2세
└ 코시모 3세

잔 가스토네
(토스카나 대공국의 마지막 지배자로, 1737년에 죽었어요. 자손은 없었어요.)

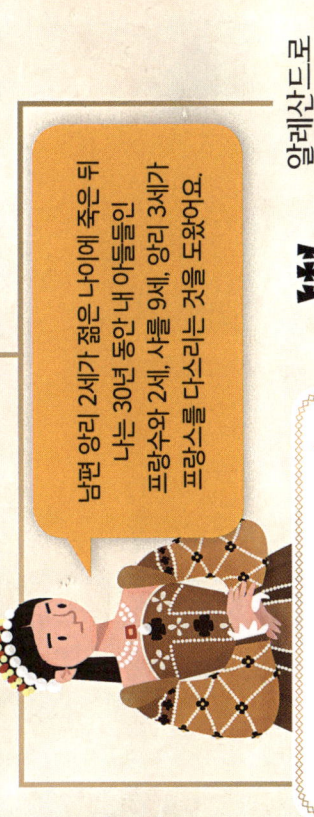

남편 앙리 2세가 젊은 나이에 죽은 뒤 나는 30년 동안 내 아들들인 프랑수아 2세, 샤를 9세, 앙리 3세가 프랑스를 다스리는 것을 도왔어요.

카트린
- 프랑스의 왕비가 되었어요.

알레산드로
(피렌체의 첫 공작)

프란체스코 1세

마리
- 프랑스의 왕비가 되었어요.

내가 대관식을 치른 다음 날 내 남편 앙리 4세가 죽었어요. 어린 아들이었던 내 아들 루이 13세는 너무 어렸던 터라 충분히 자랄 때까지 내가 대신 나라를 다스렸어요.

94 한밤중 오페라 극장에서…

혁명이 불꽃처럼 피어올랐어요.

오늘날 벨기에의 수도인 브뤼셀은 1830년만 해도 네덜란드에 속해 있었어요.
브뤼셀 사람들은 네덜란드 왕 빌럼 1세에게 분노가 쌓여 갔어요.
빌럼 1세의 생일을 축하하기 위해 열린 오페라 공연에서 관중들은 대규모 시위를 시작했어요.

오페라 「포르티치의 벙어리 처녀」 다니엘 오베르 작곡

오페라 4막에서 등장인물 두 명이 조국을 사랑하는 마음과 외국의 왕을 미워하는 마음을 열정적으로 노래했어요.

노래가 울려 퍼지자 관중들은 거리로 뛰쳐나가 정부 건물을 공격했어요.

혁명이 한 달에 걸쳐 이어졌어요. 마침내 빌럼 1세는 브뤼셀을 포기했어요. 이로써 벨기에는 독립국이 되었어요.

95 술레이만 1세의 공식 호칭은…

너무 길어서 읽다 지칠 정도였어요.

왕이나 황제의 공식적인 호칭에는 이들이 다스리는 지역의 이름이 모두 붙곤 했어요.
1520년부터 1566년까지 오스만 제국을 다스린 술레이만 1세의 호칭은 특히 길었지요.

황제 폐하 술탄 술레이만 1세, 오스만 황실의 군주, 술탄들의 술탄, 칸들의 칸, 신자들의 사령관 그리고 우주 제왕의 예언자의 계승자, 메카와 메디나와 예루살렘 성지의 수호자, 콘스탄티노플과 아드리아노플과 부루사의 황제, 그리고 다마스쿠스와 카이로, 모든 아르메니아, 마르기스, 바르카, 카이루안, 알레포, 아랍 이라크와 아짐, 바스라, 엘하사, 딜렌, 라카, 모술, 파르티아, 디야르바키르, 시실리아, 에르주룸 빌라예트, 시바스, 아다나, 카라만, 반, 바르바리, 아비시니아, 튀니지, 트리폴리, 다마스쿠스, 키프로스, 로도스, 칸디아, 모레아 빌라예트, 마르마라해, 흑해와 흑해 연안, 아나톨리아, 루멜리아, 바그다드, 쿠르디스탄, 그리스, 투르키스탄, 타타이, 체르케스, 카바르다의 두 지역, 그루지야, 키프샤크 평원, 타타르 전체, 케파와 주변 나라, 보스니아와 보스니아의 속국, 베오그라드의 도시와 요새, 세르비아 빌라예트와 그것에 딸린 모든 성과 요새와 도시, 알바니아 전체, 이플락과 보그단 전체의 황제.

96 멕시코 혁명에서는 걸음마를 갓 뗀 아이도…

전투 현장에 있었어요.

인류 역사를 통틀어 많은 여성이 전투에 참여해 왔어요. **멕시코 혁명**(1910년~1920년)에서는 **솔다데라스**라 불리는 여성들이 어린아이들을 데리고 전투 현장으로 음식을 날랐지요.

솔다데라스는 부상자를 돌보고 군인들에게 빵과 커피를 가져다주었어요.

직접 전투에 나선 솔다데라스도 많았어요.

메르카도 장군이 이끄는 육군 부대는 3분의 1이 여성과 어린아이였어요.

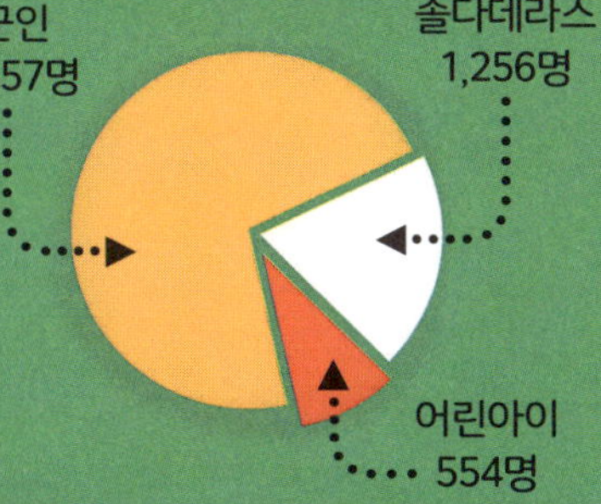

군인 4,557명
솔다데라스 1,256명
어린아이 554명

코로넬라스라고 하는 부대장이 되어 수백 명의 군인을 지휘한 여성들도 있었어요.

클라라 라모스 대위는 70명의 군인을 이끌고 멕시코와 미국의 국경에서 전투 현장으로 갔어요.

페트라 헤레라는 남자로 변장해 군대에 들어갔어요. 다리를 폭파하는 등 여러 위험한 임무를 해냈지요.

97 노예들이 유명한 작가가 되어…

노예제 폐지에 큰 영향을 미쳤어요.

1770년대 영국 런던에서는 과거에 노예였던 사람이, 1780년대 미국 보스턴에서는 노예인 사람이 작가로 이름을 날렸어요. 그들의 작품은 노예가 한 인간으로서 겪는 고통을 생생히 담았어요. 독자들은 노예제가 폐지되어야 한다고 생각하게 되었어요.

한때 노예였던 **올라우다 에퀴아노**는 1780년대 런던에서 노예제 폐지 운동을 펼쳤어요.

필리스 위틀리는 1761년 겨우 여덟 살 때 노예로 팔려 갔고 1년 만에 읽고 쓰는 법을 배웠어요. 필리스 위틀리라는 이름은 주인이 지어 준 것이었어요.

1789년 에퀴아노의 자서전이 영국에서 베스트셀러가 되었어요.

위틀리는 열네 살에 첫 시를 지었어요. 위틀리의 작품들은 뉴욕과 보스턴을 비롯해 나중에는 바다 건너 런던에서도 유명해졌어요.

에퀴아노의 자서전은 독일어와 네덜란드어로도 출판되어 그에게 세계적인 명성과 큰 부를 안겨 주었어요.

에퀴아노와 달리 위틀리는 여전히 노예였어요. 그래서 위틀리가 쓴 시는 주인의 검사를 받았어요.

많은 사람이 에퀴아노와 위틀리의 작품을 읽고 자신들이 흑인보다 우월하다는 생각은 잘못이며 노예제는 비도덕적이라는 것을 깨달았어요. 결국 영국에서는 1833년, 미국에서는 1865년에 노예제가 폐지되었어요.

98 철학자들은 종교에 상관하지 않고…

서로의 책을 읽었어요.

중세 유럽의 왕들은 기독교를 내세우며 나라 밖에서는 이슬람교도들과 싸우고 나라 안에서는 유대교도들을 박해했어요. 하지만 그런 것에 아랑곳하지 않고 위대한 학자들은 유대교도든, 기독교도든, 이슬람교도든 서로의 지식과 생각을 자유롭게 나누었어요.

이런 철학자들 중 한 명이 유대교도인 **모세 벤 마이몬**이었어요. **마이모니데스**라는 이름으로도 알려져 있지요. 그는 이슬람 세력이 지배하던 스페인에 살다가 이집트로 가서 왕실 의사가 되었어요. 대표적인 책로는 『방황하는 자들을 위한 안내서』(1190년)가 있어요. 이 책은 이슬람교들이 많이 사용하는 아랍어로 쓰였어요.

이븐 루슈드(아베로에스)
12세기 안달루시아의 철학자

토마스 아퀴나스
13세기 이탈리아의 기독교 성직자이자 철학자

알베르투스 마그누스
13세기 독일의 기독교 성직자이자 철학자

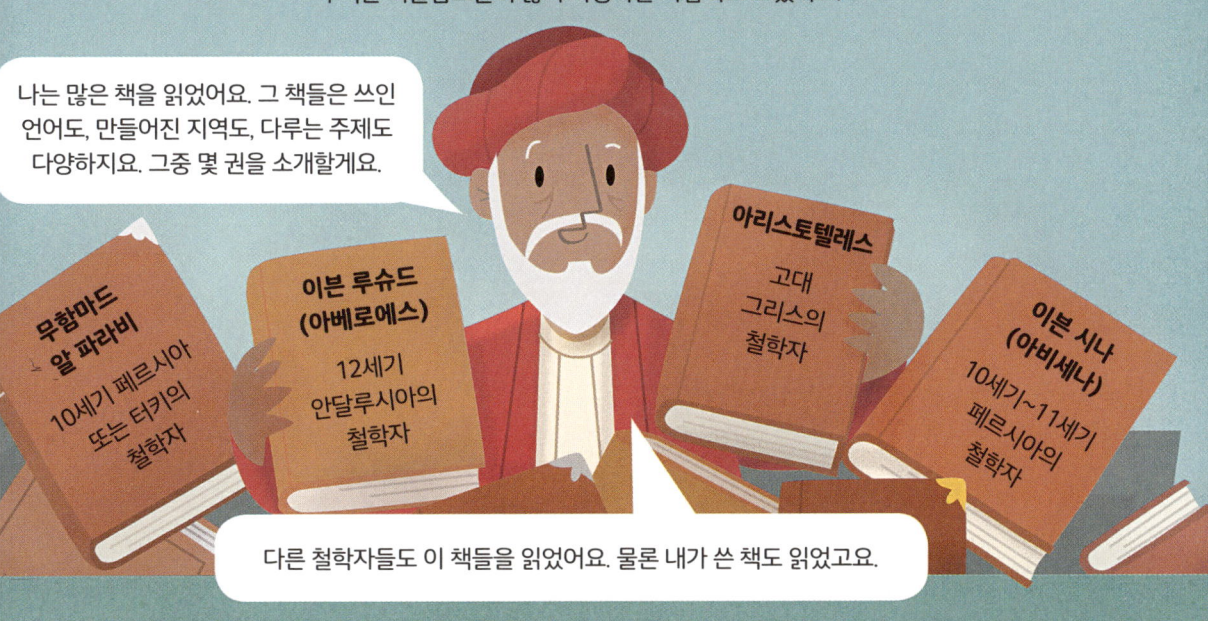

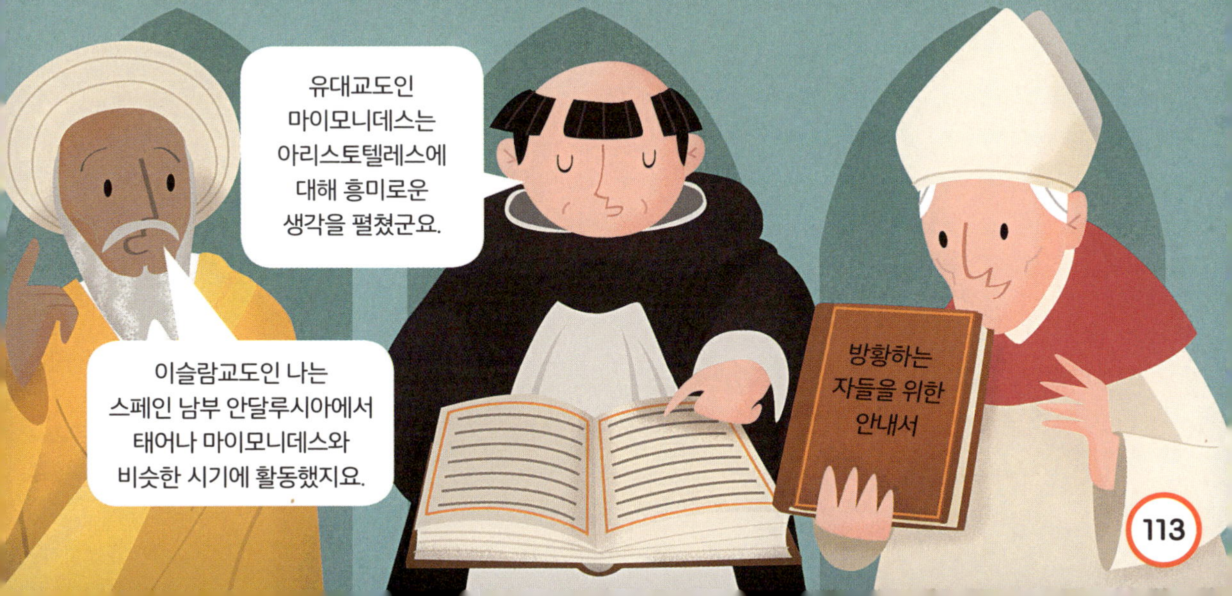

99 나폴레옹을 구출하는 가장 좋은 방법은…

잠수함이었을지도 몰라요.

뛰어난 장군이었던 나폴레옹 보나파르트는 프랑스군을 이끌고 온 유럽을 정복해 나갔어요. 그리고 1804년 프랑스의 황제가 되었지요. 하지만 1815년 워털루 전쟁에서 유럽 연합군에 패한 뒤, 나폴레옹은 저 멀리 대서양 남쪽에 있는 세인트헬레나섬에 유배되었어요.

나폴레옹은 역사상 가장 철저히 감시받은 죄수였을 거예요.

- 영국군 수비대 2,800명
- 나폴레옹 홀로 갇혀 사는 집
- 방어 요새와 대포 500대를 갖춘 포대
- 세인트헬레나섬에서 가장 가까운 섬은 1,600킬로미터 떨어져 있는데 그 섬에서도 군인들이 망을 보았어요.
- 파도가 험하고 바람이 센 망망대해
- 높이가 200~400미터나 되는 절벽
- 쉴 새 없이 순찰하는 전함 11척

왜 이토록 감시가 삼엄했을까요?

아직 나폴레옹을 지지하는 세력이 세계 곳곳에 많았어요. 게다가 나폴레옹은 이미 한 번 섬에서 도망친 적이 있었어요.

실제로 나폴레옹을 구출하려는 시도가 여러 번 있었어요. 몇몇 작전은 실패로 끝났고 몇몇 작전은 진행되고 있었지요.

하지만 결국 구출이 이루어지지 못하고 1821년 나폴레옹은 눈을 감았어요. 사망 원인은 위암으로 짐작돼요.

세인트헬레나섬의 넓이는 울릉도의 1.5배가 조금 넘는 121제곱킬로미터예요.

가장 가까운 육지는 **아프리카**인데 약 1,900킬로미터 떨어져 있어요.

구출 작전 중에는 **잠수함**이 영국 전함 밑으로 몰래 지나가, 나폴레옹이 절벽에서 밧줄을 타고 내려오게 하는 대범한 방법이 있었어요. 1820년대에 잠수함은 아직 실험 단계였어요. 어떤 역사가들에 따르면, 증기의 힘으로 움직이는 구출용 잠수함이 만들어지고 있었다고 해요.

100 지구의 종말은...

늘 코앞에 다가와 있대요.

종말이 곧 닥쳐온다는 예언은 시대를 막론하고 툭하면 등장하곤 했어요. 물론 예언대로 종말이 온 적은 단 한 번도 없어요. 지구가 멀쩡하니까 여러분이 이 책을 읽고 있는 것 아니겠어요? 하지만 앞으로도 어디선가 누군가는 스스로 예언가라 주장하며 지구의 종말을 경고할 거예요.

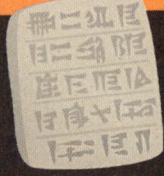

기원전 2800년 무렵 만들어진 아시리아의 점토판에는 뇌물과 부정부패, 반항하는 아이들은 종말의 신호라는 내용이 적혀 있어요.

기원후 500년 기독교 학자 세 명이 예수가 재림해 성경에 따라 세상이 끝날 거라는 예언을 처음으로 말했어요. 예수가 재림할 거라는 예언은 끊임없이 반복되어 왔어요.

독일의 천문학자 요하네스 슈퇴플러는 1524년 대홍수가 일어나 유럽이 멸망할 거라고 장담했어요. 홍수가 시작된다던 바로 그날 진짜로 비가 내리긴 했지만 큰 피해는 없었어요.

1970년대 두 천문학자가 **1982년** 태양계의 모든 행성과 태양이 일렬로 나란히 늘어서게 되고, 그로 인해 지구의 중력에 문제가 생겨 엄청난 재앙이 일어날 거라고 주장했어요.

성경의 마지막 권인 '요한 계시록'에는 예수가 재림한 다음에 어떤 일이 벌어지는지 묘사되어 있어요. 네 명의 기사가 전쟁, 기근, 전염병, 죽음을 퍼뜨리며 세상에 종말을 가져올 거라고 해요.

사실 행성들이 일렬로 늘어서는 현상은 수백 년마다 한 번씩 일어나요. 하지만 지구에는 별다른 영향을 미치지 않아요.

2000년 1월 1일

1990년대 정보 통신 전문가들은 2000년 1월 1일 자정에 컴퓨터의 내부 시계가 '0'으로 돌아갈지도 모른다고 경고했어요. 그러면 모든 컴퓨터가 작동을 멈추어 세계가 대혼란에 빠질 거라고 했지요. 하지만 그런 일은 일어나지 않았어요.

약 5,000년 전 마야에서는 순환 주기가 무척 긴 달력을 사용했어요. 이 순환 주기에서는 **2012년 12월 21일**이 마지막 날이었어요. 오늘날 어떤 사람들은 이날이 마야에서 예언한 세계 종말의 날이라고 믿었어요. 정작 마야 사람들은 그렇게 생각하지 않았을 거예요.

언제 일어난 일일까요?

이 책에 나온 주요 사건과 시기를 정리한 연대표예요.
각 항목 끝에 있는 숫자는 각 페이지의 제목 앞에 붙은 번호예요.

기원전 3300년 무렵~기원전 1300년 무렵 파키스탄과 인도 북서부에 인더스 문명이 번성했어요. - 22

기원전 2686년 무렵~기원전 2181년 무렵 고대 이집트의 역사에서 '고왕국 시대'라 분류되는 시기예요. - 76

기원전 1860년 무렵~1814년 무렵 아메넴헤트 3세가 이집트를 다스렸어요. - 17

기원전 1500년 무렵 폴리네시아에 사람들이 찾아와 자리 잡기 시작했어요. - 62

기원전 1500년 무렵~기원전 300년 도시 국가 페니키아가 번성했어요. - 47

기원전 1478년 무렵~기원전 1458년 무렵 하트셉수트가 이집트를 다스렸어요. - 67

기원전 1100년 무렵~기원전 1000년 무렵 세계에서 가장 오래된 서사시인 『길가메시 서사시』가 쓰였어요. - 69

기원전 510년 아테네에서 민주주의가 시작됐어요. - 58

기원전 500년 무렵 마하비라가 태어났어요. - 21

기원전 440년 무렵 그리스의 헤로도토스가 역사책을 썼어요. - 2

기원전 259년~기원전 210년 중국을 최초로 통일한 진시황이 살았어요. - 54, 88

기원전 218년 카르타고의 장군 한니발이 알프스산맥을 넘어 로마를 공격했어요. - 12

기원전 6년 무렵~기원전 4년 예수가 실제로 태어났다고 여겨지는 해예요. - 1

기원후 1년 예수가 탄생한 해. 달력의 기준이 돼요. - 1

70년~80년 로마에 콜로세움이 지어졌어요. - 75

2세기 중국의 관리 채륜이 종이를 발명했어요. - 3

117년 로마 제국의 역사상 가장 넓은 영토를 다스리게 되었어요. - 46

4세기~15세기 비잔틴 제국이 지중해 동쪽 지역을 다스렸어요. - 89

309년 샤푸르 2세가 사산조 페르시아를 다스렸어요. - 80

477년~495년 카사파 1세가 스리랑카를 다스렸어요. - 63

6세기 유럽이 중국에서 비단 제조법을 훔쳐 갔어요. - 64

541년~546년 유스티니아누스 병이 퍼졌어요. - 65

618년~907년 중국에 당나라가 있었어요. - 76

632년 선덕 여왕이 신라 최초로 여왕이 되었어요. - 56

780년~1070년 스칸디나비아 반도에서 바이킹이 활약했어요. - 14

11세기~15세기 유럽의 역사에서 '중세 시대'라 분류되는 시기예요. - 5, 6, 50, 76, 90

1040년~1099년 스페인의 영웅 엘시드가 살았어요. - 81

1122년~1204년 프랑스 왕비였다가 영국 왕비가 된 엘레오노르가 살았어요. - 15

1135년~1204년 유대교 철학자 마이모니데스가 살았어요. - 98

1312년~1337년 무사 1세가 말리 제국을 다스렸어요. - 48

1346년~1353년 흑사병이 유럽을 휩쓸었어요. - 34, 65

1357년 이네스가 포르투갈 왕비가 되었어요. - 79

1368년 중국에 명나라가 건국되었어요. - 8

1374년 유럽에 무도병이 발생했어요. - 6

14세기~16세기 이탈리아에 르네상스가 일어났어요. - 93

1434년~1737년 메디치 가문이 이탈리아 피렌체를 다스렸어요. - 93

1520년~1566년 술레이만 1세가 오스만 제국을 다스렸어요. - 95

1532년 프란시스코 피사로가 잉카 제국의 마지막 황제 아타우알파를 처형했어요. - 37

1582년 교황 그레고리우스 13세가 그레고리력을 채택했어요. - 10

1593년 아일랜드의 해적 여왕 그레이스 오말리와 영국 여왕 엘리자베스 1세가 만났어요. - 44

15세기~19세기 아프리카와 아메리카 사이에 노예 무역이 이루어졌어요. - 61

1600년 무렵~1800년 나이지리아에 오요 제국이 있었어요. - 57

1603년~1868년 일본 역사에서 '에도 시대'라 분류되는 시기예요. - 53, 76

1636년~1637년 네덜란드에서 튤립의 값이 끝도 없이 올랐다가 갑자기 떨어졌어요. - 38

1752년 영국이 달력을 율리우스력에서 그레고리력으로 바꾸었어요. - 10, 11

1753년~1784년 노예이자 작가인 필리스 위틀리가 살았어요. - 97

18세기 북아메리카에 이주한 사람들이 새로운 도끼를 개발했어요. - 4

1745년 무렵~1797년 작가이자 노예제 폐지 운동을 펼친 올라우다 에퀴아노가 살았어요. - 97

19세기 세계 인구가 10억을 돌파했어요. - 66

1805년 영국의 해군 제독 호레이쇼 넬슨이 트라팔가 해전에서 죽었어요. - 68

1808년~1821년 포르투갈이 수도를 리스본에서 브라질의 리우데자네이루로 옮겼어요. - 91

1811년 영국에서 러다이트가 기계를 부수었어요. - 41

1815년 프랑스 황제 나폴레옹이 전쟁에서 패배하고 세인트헬레나섬에 유배되었어요. - 99

1830년 벨기에가 네덜란드로부터 독립했어요. - 94

1840년대~1870년대 영국이 '인도의 거대 울타리'를 만들었어요. - 18

1844년 최초의 공식적인 국제 스포츠 경기가 미국 뉴욕에서 열렸어요. - 30

1845년 존 프랭클린이 북서 항로를 개척하러 북극으로 탐험을 떠났어요. - 20

1848년~1855년 미국 캘리포니아에 골드 러시가 일어났어요. - 78

1850년 무렵 증기 기관차가 말을 제치고 가장 빠른 이동 수단이 되었어요. - 35

1850년대~1860년대 미국 동부에서 '지하 철도'가 절정에 이르렀어요. - 86

1860년대 구아노 때문에 전쟁이 일어났어요. - 55

1861년~1865년 미국에서 남북 전쟁이 벌어졌어요. - 39, 40

1880년대 증기선이 범선을 제치고 바다에서 가장 빠른 이동 수단이 되었어요. - 35

1884년 베를린 회의에서 몇몇 유럽 나라가 아프리카를 나누어 가졌어요. - 85

1888년 브라질에서 노예제가 불법이 되었어요. - 61

1889년 대중교통을 이용한 세계 일주 경쟁이 벌어졌어요. - 36

1893년 뉴질랜드가 세계 최초로 여성에게 투표권을 주었어요. - 59

1910년~1920년 멕시코 혁명이 벌어졌어요. - 96

1914년~1918년 제1차 세계 대전이 벌어졌어요. - 9, 13, 42, 71

1917년 러시아 혁명이 벌어졌어요. - 42, 52

1919년 비행기가 배를 제치고 대서양을 건너는 가장 빠른 이동 수단이 되었어요. - 35

1924년 레닌이 사망했어요. - 43

1930년 인도에서 소금 행진이 일어났어요. - 52

1939년~1945년 제2차 세계 대전 시기예요. - 22, 72

1945년 일본에 두 핵폭탄이 연이어 떨어졌어요. - 19

1947년~1991년 자본주의 국가들과 공산주의 국가들이 대립하는 냉전 시대였어요. - 82

1950년대~1960년대 미국에서 흑인들이 시민권 운동을 벌였어요. - 52, 87

1961년 소련의 핵폭탄 차르 봄바가 북극에서 폭발했어요. - 83

1967년 이집트 등 여러 아랍 국가들과 이스라엘 사이에 6일 전쟁이 벌어졌어요. - 49

1978년 불가리아 출신 저널리스트가 영국 런던에서 암살당했어요. - 82

1989년 에스토니아와 라트비아, 리투아니아에서 인간 사슬이 이어졌어요. - 73

2002년 베네수엘라의 차베스 대통령이 납치되었다가 금세 풀려났어요. - 52

2003년 세계 곳곳에서 반전 시위가 일어났어요. - 52

2012년 마야 달력으로 마지막 날에 이르렀지만 세상은 끝나지 않았어요. - 100

2015년 사우디아라비아에서 여성이 투표권을 얻었어요. - 59

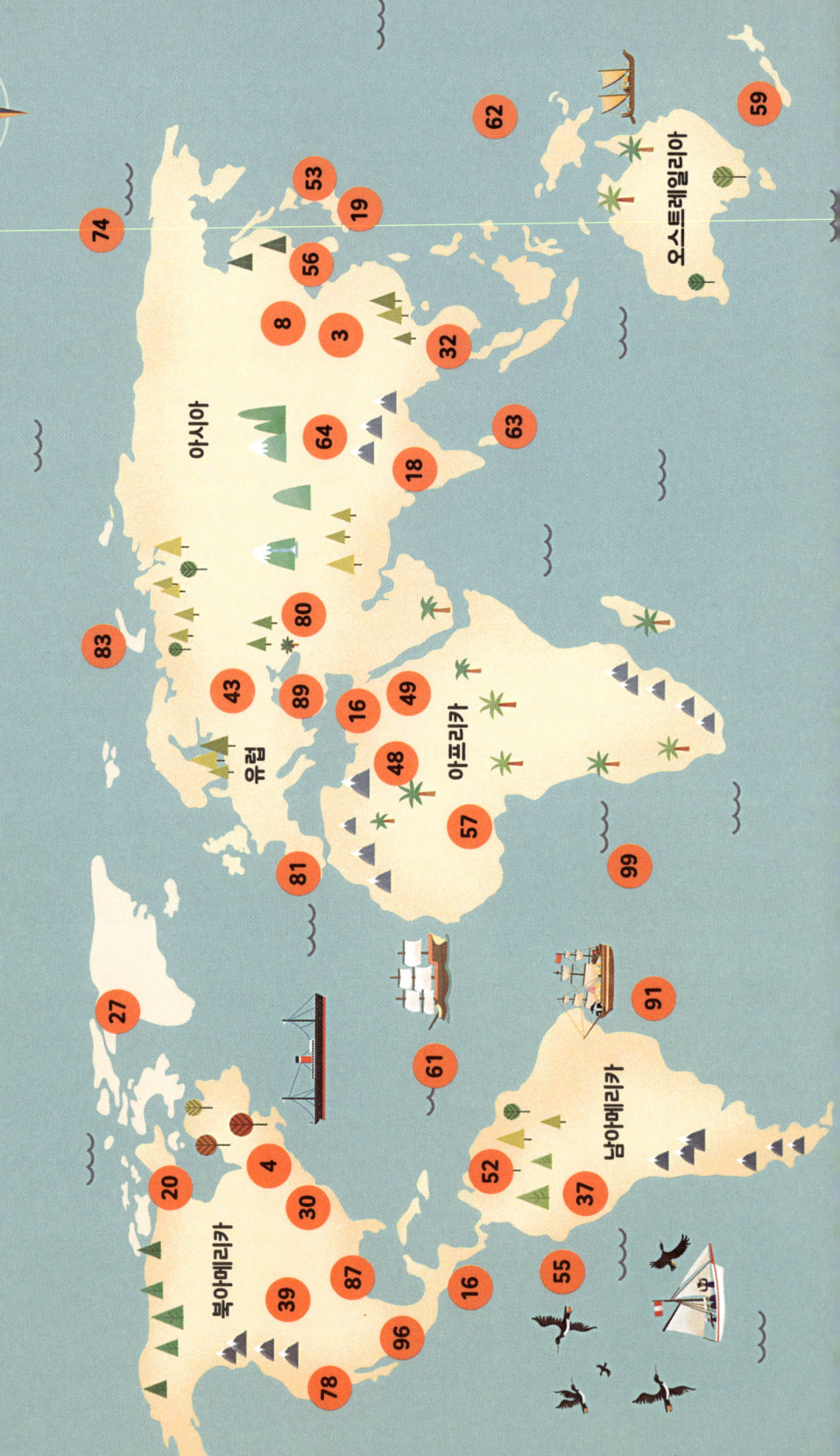

주요 사건

유럽의 어디에서 역사적 사건이 벌어졌는지는 다음 장에서 확인하세요.

- **3** 중국의 관리 채륜이 종이를 발명했어요.
- **4** 북아메리카에 이주한 사람들이 새로운 도끼를 만들었어요.
- **8** 명나라 때 만리장성이 완공되었어요.
- **16** 피라미드는 고대 이집트와 마야 문명 둥에서 만들어졌어요.
- **18** 영국이 밀수를 막기 위해 인도의 거대 울타리를 만들었어요.
- **19** 해폭탄이 히로시마와 나가사키를 파괴했어요.
- **20** 북서 항로가 개척되었어요.
- **27** 그린란드에서는 운석으로 도구를 만들었어요.
- **30** 최초의 공식적인 국제 스포츠 경기가 미국 뉴욕에서 열렸어요.
- **32** 캄보디아 크메르 제국이 멸망한 뒤 암흑시대가 찾아왔어요.
- **37** 스페인이 잉카 제국을 정복했어요.
- **39** 미국 남북 전쟁에서 군인이 최대 80만 명이나 죽었어요.
- **43** 레닌이 시신이 모스크바에 전시되었어요.
- **48** 말리 제국의 무사 1세 때문에 경제 위기가 왔어요.
- **49** 화물선들이 수에즈 운하에 8년 동안이나 갇혔어요.
- **52** 사람들이 베수비오라 카다카스에서 행진하며 시위했어요.
- **53** 일본에 사무라이라 불리는 군인들이 있었어요.
- **55** 진차성의 구아노 때문에 전쟁이 벌어졌어요.
- **56** 선덕 여왕이 신라를 지키려는 마음이 담아 9층 목탑을 지었어요.
- **57** 나이지리아에 있던 오요 제국은 알라핀이라는 황제가 다스렸어요.
- **59** 뉴질랜드에서 여성도 투표할 수 있게 되었어요.
- **61** 아프리카와 아메리카 사이에 노예 무역이 이루어졌어요.
- **62** 폴리네시아에 도착한 카누에는 식물이 가득 실려 있었어요.
- **63** 스리랑카의 가사파 1세가 요새 같은 왕궁을 지었어요.
- **64** 유럽의 수도사가 중국에서 비단 만드는 비법을 훔쳐 갔어요.
- **74** 기원전 2560년 여진히 매머드가 살고 있었어요.
- **78** 미국 캘리포니아에 골드러시가 일어났어요.
- **80** 샤푸르 2세는 어머니 배 속에 있을 때 황제가 되었어요.
- **81** 엘시드는 이슬람 세력이 다스리는 스페인에서 영웅이 되었어요.
- **83** 소련이 핵실험 장소에서 차르 봄바를 터뜨렸어요.
- **87** 미국 루이지애나주에서 6살 아이가 경찰의 호위를 받으며 등교했어요.
- **89** 비잔틴 제국의 많은 황제가 살해되거나 강제로 물러났어요.
- **91** 포르투갈 왕실이 배를 타고 브라질 리우데자네이루로 갔어요.
- **96** 멕시코 혁명 때 여자들도 전투에 참여했어요.
- **99** 프랑스 황제 나폴레옹이 세인트헬레나섬에 유배되었어요.

유럽의 어디에서 일어난 일일까요?

각 사건의 위치와 내용을 살펴봐요.

주요 사건

6 아헨이라는 도시에서 무도병이 발생했어요.

9 비둘기가 프랑스에서 200명의 군인을 구했어요.

12 카르타고의 장군 한니발이 알프스산맥을 넘었어요.

13 제1차 세계 대전 때 영국과 미국은 배에 위장 도색을 했어요.

14 스칸디나비아에서 바이킹들은 스키를 타고 돌아다녔어요.

15 엘레오노르가 아키텐 지역을 물려받았어요.

23 책벌레 칼만 왕이 헝가리를 다스렸어요.

38 네덜란드에서 튤립 값이 천정부지로 뛰었어요.

41 영국의 노동자들이 공장의 기계를 박살 냈어요.

44 영국 런던에서 해적 여왕 그레이스 오말리가 엘리자베스 1세를 만났어요.

58 아테네에서 민주주의가 시작되었어요.

73 에스토니아에서 리투아니아까지 인간 사슬이 이어졌어요.

74 기원전 2560년 무렵 영국에 스톤헨지가 세워졌어요.

75 로마의 콜로세움에서 검투사들이 싸움을 벌였어요.

79 이네스 데 카스트루가 포르투갈 왕비가 되었어요.

85 몇몇 유럽 나라가 베를린에서 회의를 열어 아프리카를 나누어 가졌어요.

93 메디치 가문이 이탈리아 피렌체를 다스렸어요.

98 유대교 철학자 마이모니데스가 태어났어요.

찾아보기

ㄱ

검투사 88-89
게오르기 마르코프 97
고고학자 2, 59, 83
고행 26
골드 러시 94
과거 30
과테말라 20
교통수단 42
교황 14, 108-109
구세주 이자베우 28
구아노 64-65
그레고리력 14-15
그레고리우스 13세 14
그레이스 오말리 50
그리스 4, 38, 68, 80-81, 83
그린란드 32
금 44, 55, 94
기독교 26, 58, 96, 113, 116
길가메시 서사시 80-81
꼬리가 아홉 개 달린 고양이 35

ㄴ

나가사키 23
나데즈다 두로바 37
나바호족 27
나이지리아 67
나치 27
나폴레옹 보나파르트 114-115
남북 전쟁 46
남아프리카 공화국 69
냉전 97
네덜란드 34, 45, 110
네드 러드 47
넬리 블라이 43
노란 함대 57
노르웨이 18
노르테치코 20
노벨 평화상 99
노예 28, 31, 71, 90-91, 101, 112
노예 무역 71
노예제 101, 112
뉴질랜드 68
니치렌종 26

ㄷ

다임 노블 92
달력 3, 14-15, 117
당나라 53, 91
대영 제국 52
대운하 12
대통령 10-11
도끼 6-7
도쿠가와 이에야스 62
독립 60, 64, 86
독일 34, 48, 85
돌궐 제국 53
디오니시우스 엑시구스 3

ㄹ

라이베리아 100
라트비아 86
러다이트 47
러시아 28-29, 48, 49, 52, 60
레닌 48-49
로마 3, 14, 16, 28, 31, 53, 88-89
루비 브리지스 102
루이 7세 19
르네상스 108
리투아니아 86

ㅁ

마거릿 앤 버클리 37
마야 20, 103, 117
마이모니데스 113
마케도니아 28, 53
마하바라타 80-81
마하비라 26
만리장성 12
만자문 27
말 28-29, 42
말리 제국 55
매머드 87
메디치 가문 108-109
메소포타미아 20, 80
메카 55
멕시코 20, 103, 111
멕시코 혁명 111
명나라 12, 53
모로코 29
모체 20
모헨조다로 87
목란 37
몽골 제국 52
무도병 9
무사 1세 55
무인 잠수정 59
미구엘 세르반테스 15
미국 7, 10-11, 36, 43, 61, 69, 92, 101, 102, 103
민주주의 68-69

ㅂ

바보 모자 34
바보 축제 31
바빌로니아 20

바이런 47
바이킹 18
박티아르 킬지 103
반전 시위 61
방황하는 자들을 위한 안내서 113
배 17, 35, 40, 42, 56-57
벌 34-35
베네수엘라 61
베어울프 80-81
벨기에 110
벨리즈 20
벽지 39
볼리비아 65
부세팔루스 28
북극 24-25, 32-33, 87, 98
북서 항로 24-25
북아메리카 6-7
불가리아 97
불교 26, 27
브라질 28, 53, 71, 106-107
비단 75
비드 3
비소 39
비잔틴 제국 75, 104-105
비행기 42
빅토리아 여왕 51
빈트 서프 38
뿔소라 54

사무라이 62, 90
사산조 페르시아 95
사우디아라비아 69
사투르날리아 31
산소극소대역 59
산스크리트어 27
산업 혁명 47
새뮤얼 브래넌 94

샤푸르 2세 95
샬럿 파크허스트 37
선덕 여왕 66
세네갈 69
세인트헬레나섬 114-115
셰르 아미 13
소금 행진 60
소련 49, 86, 98-99
소작농 90-91
속바지 106-107
수단 20
수도사 3, 8, 75, 105
수메르 3, 20
수에즈 운하 56-57
술레이만 1세 110
스리랑카 74
스웨덴 18, 48
스키 18
스타우라키우스 105
스탈린 49
스톤헨지 87
스페인 44, 52, 64-65, 96
스포츠 36
스피트파이어 85
신라 66
쓰레기 82-83

아돌프 히틀러 27
아리아인 27
아메넴헤트 3세 21
아바스 왕조 52
아시리아 20, 116
아일랜드 50
아즈텍 20, 103
아케메네스 제국 53
아키텐 19
아타우알파 44
아테네 68-69, 83

아프리카 71, 100
인도의 거대 울타리 22
안드레이 사하로프 99
알렉산드로스 대왕 28
알프레드 함스워스 93
암살 97
암흑시대 38
앤드루 잭슨 11
야마구치 츠모토 23
에스토니아 86
에이브러햄 링컨 7, 11
에콰도르 65, 69
에티오피아 100
엘레오노르 19
엘리자베스 1세 50
엘리자베스 비슬랜드 43
엘시드 96
여성의 날 파업 60
열두 번째 밤 31
영국 14-15, 19, 22, 35, 37, 47, 50-51, 70, 79, 85, 87, 92-93, 97
영락대전 12
예수 3, 116-117
오스만 제국 53, 110
오요 제국 67
오페라 110
온두라스 20
올라우다 에퀴아노 112
올메크 20
요안니스 5세 팔레올로고스 105
우고 차베스 61
우마이야 왕조 52
우아소 29
운석 32-33
워싱턴 행진 61
워털루 전쟁 114
원나라 12, 53
위장 도색 17
윌리엄 3세 15
윌리엄 셰익스피어 15

유대교 113
유스티니아누스 병 76
유스티니아누스 1세 75
율리시스 그랜트 10
율리우스력 14-15
율리우스 카이사르 14
음유 시인 알폰소 28
이네스 데 카스트루 95
이라크 3, 20, 61
이스라엘 56
이슬람교 26, 55, 58, 96, 113
이집트 5, 20, 21, 56-57, 70, 78, 82-83, 87, 90-91
이츠코아틀 103
이탈리아 108-109
인간 사슬 86
인구 40, 76-77
인더스 문명 27
인도 22, 26-27, 60, 80, 103
인키타투스 28
일리아드 80-81
일본 23, 62, 90
잉카 20, 44

ㅈ

자금성 12
자이나교 26, 27
잠수함 17, 115
잡지 51, 92-93
전염병 9, 40-41, 46, 76
전한 53
정통 칼리프 시대 53
제1차 세계 대전 13, 17, 48, 84
제2차 세계 대전 23, 85
조지 5세 52
존 프랭클린 24-25
종이 5
주원장 12
중국 5, 12, 30, 63, 75, 91, 103

중세 8, 9, 31, 34, 58, 91, 106, 113
중앙아메리카 20
지구라트 20
지하 철도 101
진시황 63, 103

ㅊ

차르 봄바 98-99
채륜 5
책 8, 103, 112
책벌레 칼만 29
청나라 52
초인플레이션 55
치무 20
치욕의 플루트 34
친차섬 64-65

ㅋ

카누 72-73
카르타고 16
카사파 1세 74
카타리나 데 에라우소 37
칼리굴라 28
캄보디아 38
캐나다 36, 68, 101
캘리포니아 94
컴퓨터 38, 117
코끼리 16
콘스탄스 2세 104
콜로세움 88
쿠시 왕국 20
쿠푸 왕 67, 87
크리스마스 51
크리켓 36
킵차크한국 53

ㅌ

토고 69
토스카나 대공국 108-109
투트모세 3세 78
투표 68-69
튤립 45
트라야누스 53

ㅍ

파라오 90
파피루스 5
팔꿈치 왕 브와디스와프 29
페니 드레드풀 92-93
페니키아 54
페루 20, 64-65
포르투갈 53, 95, 106, 107
폭군 이반 29
폴란드 29, 103
폴리네시아 72
표트르 대제 28
프란시스코 피사로 44
프랑스 19, 52, 84, 114
프랭클린 피어스 10
피라미드 20-21, 87
피렌체 108-109
핀란드 68
필경사 90
필리스 위틀리 112

ㅎ

하트셉수트 78
한니발 16
해적 50
핵폭탄 23, 98-99
행진 60-61
헝가리 29
헤로도토스 4

헨리 2세 19
호레이쇼 넬슨 79
호주 47, 68
황룡사 66
후한 53
흉노 제국 53
흑사병 40-41, 76
흑해 41, 59
히로시마 23
힌두교 27

V-1 무인 비행 폭탄 85

80일간의 세계 일주 43

인터넷에서 자료 찾기

어스본 영문 홈페이지에서 바로가기 링크를 살펴보세요.
역사에 관한 놀라운 사실들을 다룬 영상, 퀴즈, 활동을 더 발견할 수 있어요.
다만 연결되는 웹사이트는 모두 영문으로 제공된답니다.
'어스본 바로가기(usborne.com/quicklinks)'에 방문해서
검색창에 '100 history things'를 입력해 보세요.

'어스본 바로가기'에서는 다음과 같은 것들을 해 볼 수 있어요.

- 이름을 이집트 상형문자로 바꿔 보기
- 1만 년이 넘는 인류 역사가 어떤 흔적을 남겼는지, 세계 곳곳의 박물관에 있는 유물 살펴보기
- 미국 대통령에 관해 어디까지 알고 있는지 테스트하기
- 역사 속 오늘 무슨 일이 일어났는지 찾아보기

'어스본 바로가기'에서 추천하는 웹사이트의 내용은 계속 새롭게 바뀔 거예요.
하지만 어스본 출판사에서 직접 자료를 올리는 것은
아니라는 사실을 알아 두세요.

어스본 출판사는 '어스본 바로가기' 이외의 정보 이용에 대한 법적 책임을 지지 않습니다.
또한 추천한 웹사이트에서 발생하는 바이러스 피해에 대해서도 법적 책임이 없습니다.
어린이가 인터넷을 볼 때에는 부모님께서 지켜보시면서 지도해 주세요.

책을 만들 때에는…
서로 다른 분야에서 일하는 여러 사람들의 노력이 필요해요.

조사 · 글
로라 카웬, 알렉스 프리스, 미나 레이시, 제롬 마틴

디자인
프레야 해리슨, 렌카 흐레호바, 에이미 매닝

그림
페데리코 마리아니, 파르코 폴로, 마르크 에티에느 페인트르

시리즈 편집
루스 브로클허스트

시리즈 디자인
스티븐 몽크리프

전문 감수
앤 밀러드 박사

한국어판 1판 1쇄 펴냄 2018년 5월 1일 | 1판 10쇄 펴냄 2022년 4월 30일
옮김 신인수 편집 김산정 디자인 황혜련 펴낸곳 (주)비룡소인터내셔널 전화 02)6207-5007 팩스 02)515-2007
한국어판 저작권 ⓒ 2018 Usborne Publishing Limited
영문 원서 100 THINGS TO KNOW ABOUT HISTORY 1판 1쇄 펴냄 2018년
글 로라 카웬 외 그림 페데리코 마리아니 외 디자인 프레야 해리슨 외
펴낸곳 Usborne Publishing Limited usborne.com
영문 원서 저작권 ⓒ 2018 Usborne Publishing Limited

이 책의 영문 원서 저작권과 한국어판 저작권은 Usborne Publishing Limited에 있습니다. 저작권법에 의하여 한국 내에서 보호를 받는 저작물이므로
무단전재와 복제를 금합니다. 어스본 이름과 풍선 로고는 Usborne Publishing Limited의 트레이드 마크입니다.